横浜もののはじめ物語

斎藤多喜夫著
有隣堂発行　有隣新書

歌川広重（三代）「府県名所図会　神奈川県横浜いせ山の図」 明治 13 年（1880） 1月
神奈川県立歴史博物館所蔵

【凡例】

○年月日の表記——主として外国側の史料に基づく記述には西暦、日本側の史料に基づく記述には元号を用いた。太陽暦採用以前については、西暦に続く月日は陽暦、元号に続く月日は陰暦である。改元のあった年は新元号に統一した。

○漢字の表記——常用漢字表に掲げられている漢字はすべて表内の字体を用いた。固有名詞や史料の引用でも例外は設けず、異体字（旧字など）は用いなかった。大坂→大阪、箱館→函館のように、表記が変わった地名は、新しい表記に統一した。

○複姓——複姓とは二つの姓を組み合わせて一つの姓にしたもの。それらは「ドンケル＝クルティウス」「ノールトフーク＝ヘフト」のように表した。

○参考文献——巻末に一括して掲げた。

○出典——単行本や新聞・雑誌の場合、『　』で括って表記した。文献以外の史料は「　」で括って表記した。

○文献の引用——一部省略するなど、必ずしも原文どおりではない場合がある。

○カタカナ語や外国人名・会社名等の表記——vにはヴ、長母音のaにはエーを当てた。ただし、ai, ayなどi, yを含む二重母音の場合はエイを当てた。慣用の表記がある場合はそれに従った。

《目　次》

はじまり　西洋人がやってきた

五雲亭貞秀「横浜休日　亜墨利加人遊行」　文久元年（1861）正月
横浜市中央図書館所蔵

一八五九年六月三十日（安政六年六月一日）、昨夜来の風雨が朝には止んでいた。アメリカ軍艦ミシシッピー号は、ハード商会所属の小型帆船、ウォンダラー号を曳航して下田を出航し、午後三時半、横浜沖に投錨した。ミシシッピー号には総領事から公使に昇格したハリス、領事として赴任するドーア、一〇年ぶりに故国の土を踏むアメリカ彦蔵ことジョセフ・ヒコ（浜田彦蔵）らが搭乗していた。沖合から望むと、翌七月一日が開港期日だというのに、まだいたるところで普請の最中だった。

七月一日、ドーアらが横浜に上陸し、領事館の開設について外国奉行と交渉した。日本側はすでに「クロス・ビーチ（横浜）」に建物を用意したという。しかし、条約の文面どおり神奈川に固執するアメリカ側は、神奈川宿を見下ろす高台に位置する曹洞宗の寺院、本覚寺を選定し、独立記念日の七月四日、境内の大木に星条旗を掲げてシャンペンを抜いた。

横浜在勤外国奉行、村垣淡路守範正の日記によると、七月一日は晴、夕方四時頃、オランダ商船シラー号が入港、この船で来航した商人は、日本側が用意周到にも横浜に建設した外国人用貸長屋の借用を申し入れ、五日に交渉成立、十六日に店開きした。これが外国商人の開業第一号である。この商人はオランダの保護下に来日したドイツ人、クニフラーだと考えられている。

横浜は、外国側の認知を得られないまま開港したのであった。領事館はすべて神奈川の寺院に設けられ、キリスト教の宣教師もそれに倣った。彼らは将来の布教に備えて、日本語の学習など、地味だが精力的な活動を開始する。その成果は、ヘボンによる本格的な和英辞書『和英語林集成』や、ゴーブルによる最初の日本語訳聖書『摩太福音書《マタイ》』となって実を結んだ。

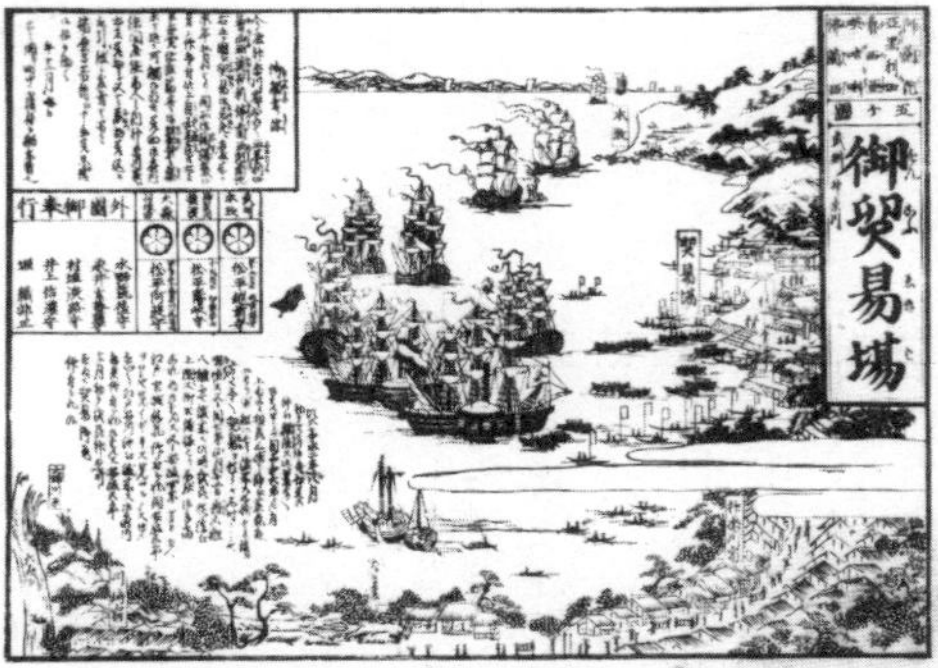

「五ケ国武州神奈川御貿易場」　安政６年（1859）正月
横浜開港を告げる瓦版。　横浜開港資料館所蔵

他方、商人たちは、公使や領事の意向に反しても、波止場や運上所（現在の神奈川県庁舎の場所にあった税関と外務省出張所に当たる役所）があり、すでに日本人商人が店を構えている横浜を選んだ。公使らが、既成事実に押されて、横浜に外国人居留地を設けることに同意したのは、翌年初頭のことだった。それまでの約半年間、商人たちは貸長屋や農民の家を借りて仮住まいを余儀なくされていた。

遠洋航海に従事する船は、ホテルと同じように、生活に必要な機能をひととおり備えている。その機能を陸に上げれば、小さいながらも一つの町ができる。居留地建設の主役となったのは、陸に上がった船乗りたちであった。町づくりは船乗りによるホテルの開設から始まる。一八五九年暮れ、ナッソウ号というオランダ船籍の老朽船が横浜で売りに出された。船長のフフナーゲルは、何人かの船員と一緒に横浜に住みついた。明けて一八六〇年二月二十四日、彼らの手で横浜ホテルがオープンした。この月にはまた、ヘンリー・エリス号の元船大工クックがオランダ人フライと組んで小造船所を開設した。食肉業を始めたW・A・ベイリーもヘンリー・エリス号の元船長だった。居留民や寄港船舶の船員たちの胃袋を満たすのは元船乗りの役目だった。

一八六〇年からの数年間（万延・文久年間）は横浜居留地の草創期であった。手始めは住環境の整備であった。本建築が始まる。先のフライが請負業を始めたが、実際に普請に従事したのは日本人棟梁であった。こうして寺院にヴェランダや長窓が付いたような擬洋風建築が建ち並ぶ。次はもちろん食料品の供給だった。一八六一年にグッドマンとフランク・ホセがそれぞれパン屋を開業、翌年にはジョージのゴールデン・ゲート・レストランがオープンしている。そのまた翌年の一八六三年にはW・H・スミスらが農園を開き、豚の飼育や西洋野菜の栽培を始めた。心身の健康を保つためには娯楽と宗教も欠かせない。早くも一八六〇年九月には競馬会が賑々しく開催されている。一八六二年一月にカトリックの横浜聖心聖堂（天主堂）、翌年十月には英国教会のクライスト・チャーチが献堂式を挙げた。一八六二年にはまた画家のワーグマンが風刺漫画雑誌『ジャパン・パンチ』を創刊した。

開港直後から外国人殺傷事件が絶えなかった。一八六二年九月の生麦事件以降、横浜には外国艦隊が集結し、居留地防衛を名目として、一八七五年まで英仏軍が山手に駐屯する。イギリス軍の場合、病死者の絶えない高温多湿の香港を避け、保養のために駐屯していたふしもある。慶応年間で英仏合わせて約一千人、欧米系居留民の数が五百人程度だったから、その比重の大きさがわかる。任務としてはパトロールくらいしかなく、調練の名目で四六時中スポーツに明け暮れていた。将兵と居留民の交流試合も活発に行われた。一八六三年十月にはグランド・ヨコハマ・インターナショナル・レガッタという大げさな名前の水上競技大会、翌年五月には横浜フィールド・スポーツという陸上競技大会が開催された。スポーツ団体も続々誕生している。

運動すれば咽喉が渇くし、空腹になる。駐屯軍の存在によって、山手に巨大な胃袋が出現したといっても過言ではない。一八六四年、ルノーのカフェ・デュ・アリエ、翌一八六五年にはパトウのビア&コンサート・ホールがオープン。一八六五年にはまた、外国側の要求により、幕府が屠牛場を設けた。同年、リズレーが天津氷を輸入して売り出すと同時にアイスクリーム・サロンを開店、翌年には牧場を開いて牛乳を売り出した。

これまで述べてきたのは、外国人が自分たちの町を造るために始めた事業だが、その渦中に日本人が入りこむのも早かった。万延元（一八六〇）年、内海兵吉がフランス軍艦乗組のコックから手ほどきを受け、ゆで団子とも焼饅頭ともつかないパンを売り出した。文久二（一八六二）

年頃、渡辺善兵衛が外国人を相手にクリーニング業を始め、文久三年には鶴見村の畑仲次郎が西洋野菜の栽培に着手、翌年収穫に成功した。慶応元（一八六五）年頃には北方村の佐藤長右衛門が洋種の豚の飼育と取り組んでいる。

外国人が将来した文物を用いて、日本人相手のビジネスを始める日本人もさっそく現れた。万延元年中フリーマンが肖像写真の撮影を始めたが、翌年には鵜飼玉川がその事業一切を継承し、江戸で写真館を開いている。文久二年頃には伊勢熊が牛肉の鍋売りを始めたと伝えられる。慶応二年には岸田吟香がヘボン直伝の目薬精錡水の販売を始め、長らくヒット商品となった。

慶応二年の横浜大火と世界的な金融恐慌、翌々年の明治維新と打ち続く事件によって、横浜居留地は荒波にもまれ、再編成を余儀なくされるが、その原型は幕末につくられた。横浜居留地に始まる西洋文化移入の小さな流れは、明治時代に入ると、「文明開化」とか「殖産興業」などと呼ばれる、より大きな流れに合流する。

第一話　黒船渡来

東洲勝月「米船渡来　旧諸藩士固之図」　明治 22 年（1889）9月
神奈川県立金沢文庫所蔵

ペリー艦隊現れる

嘉永六（一八五三）年六月三日午後、蒸気船二隻、帆船二隻の軍艦を率いて、アメリカのペリー提督が浦賀沖に現れた。それはペリーが当初計画した大艦隊からは程遠いものだったが、それでも巨大な蒸気軍艦の威圧感は日本の警備態勢をあざ笑うほどのものだった。船体が黒く防水塗装されていたことから、日本人はこれを「黒船渡来」と呼び、激動の幕末・維新への転換の端緒として記憶され続けた。

九日に至り、浦賀より岬一つ隔てて外海よりの久里浜に急造された応接所で、アメリカの国書（大統領親書）を受け取ることになった。アメリカ側が適当と考える交渉の地は、比較的大きな入江で、水深が深く、海岸を艦載砲の射程に収める距離まで接近できるような場所のことだった。久里浜はアメリカ側にとって必ずしも適当な上陸地ではなかった。じつは測量の結果、金沢の柴村沖（現在の金沢埋立地の辺り）に適当な碇泊地を見つけ、勝手に「アメリカ碇泊地」と名付けていたのだが、そこではなく、久里浜に同意したのは、まずは正式に国書を受け取らせることを優先したのだろう。

ペリーは国書に対する回答を求めて再度渡来する旨を述べ、十二日に浦賀沖を後にした。幕府は、アメリカの国書を大名や旗本に回覧して意見を集約するとともに、大船建造の解禁や品川台場の築造などの措置を講じ、ペリーの再渡来に備えた。

横浜の全国デビュー

安政元（一八五四）年正月十六日、予告どおりペリー艦隊が再渡来し、「アメリカ碇泊地」に投錨した。今回は蒸気船三隻、帆船四隻、前年を上回る陣容だった。日米間で最初に問題となったのは、どこで交渉を行うかということだった。日本側はなるべく江戸から遠いところで、アメリカ側はなるべく江戸に近いところで交渉しようとしたのだ。アメリカの艦隊が神奈川沖に碇泊していた時、日本側が「対岸の横浜ではどうか」と提案したことで、初めて横浜の名が挙がった。二十八日にアダムス参謀長とサスケハナ号のブキャナン艦長が下見のため横浜に上陸し、交渉の地にふさわしいことを確認した。小さな無名の村だった横浜が日本の歴史の表舞台に登場した瞬間だった。

ペリー艦隊の寄港・碇泊地　作図。明朝体の文字は現在地名。

浦賀に用意された建物を解体して横浜に運び、日本側は応接所、アメリカ側は条約館（Treaty

House）と呼ぶ建物の完成を待って、二月十日、いよいよ最初の会談が行われた。午前十一時半頃、ペリー提督はできるだけ多くの隊員を集め、総勢約五〇〇名の隊列で上陸し、約三〇名の部下とともに応接所に入った。艦隊からは計五七発の祝砲が発せられ、湾内に轟音が響いた。

日米和親条約の締結

三月三日（陽暦三月三十一日）、懸案の日米和親条約が結ばれた。雛人形を水に流して災厄を払う雛祭りのこの日、平和裏に条約が結ばれたことに、関係者たちは安堵したことだろう。

交渉の滑り出しは好調だった。二月十日に行われた一回目の会談で、日本側はアメリカの要求のうち、アメリカ船への薪水食料の供給、そのために寄港地を定めることなどに同意することを伝え、アメリカ側も通商開始の要求をあっさり取り下げたからである。十九日に行われた二回目の会談で、日本側は寄港地として下田と函館を提案、二十六日の三回目の会談で合意に達した。三十日、仕上げのための四回目の会談が行われ、下田開港の期日や、下田でアメリカ人が上陸して行動することを許す遊歩区域、領事の下田駐在などの問題が話し合われた。こうして三月三日の調印式を迎えたのである。調印を終えると、ペリー提督は日本の筆頭委員である林大学頭にアメリカ国旗を贈呈、日本側は饗宴を用意して日本酒で乾杯した。

ペリーがもたらしたもの

ペリー提督は来日に際してたくさんの贈り物を用意してきた。二月十五日、二回目の会談に先立ち、二四隻のボートに満載された贈り物が陸揚げされた。これらを実際に見聞できたのは、応接に当たった幕府の役人や警護の武士たち、江戸城での披露に招かれた大名など、一部の人々にすぎなかったが、贈り物には漢文の目録が付いており、その日本語訳がどこからか漏れて世間に流布した。

目録のなかでまず注目されるのは、西洋諸国の最新技術の成果である蒸気機関車の模型と電信機であろう。これらは蒸気船ともども、アメリカと条約を結ぶことによって、日本が入手できることを示し、開国が有利な事を示そうとしたものである。また、アメリカ合衆国の地図や沿岸の海図、鳥類図譜や物産記などが含まれていることには、アメリカの国情を知らせたいという意図が感じられる。さらにまた、多数の農具と種子が含まれているのは、アメリカが農業の盛んな国であることを強調するとともに、交換に日本の種子を入手したかったからだといわれている。

横浜村に汽車が登場

ペリー提督が持参した贈り物のなかには興味深いものがたくさんあったが、蒸気の力で地上

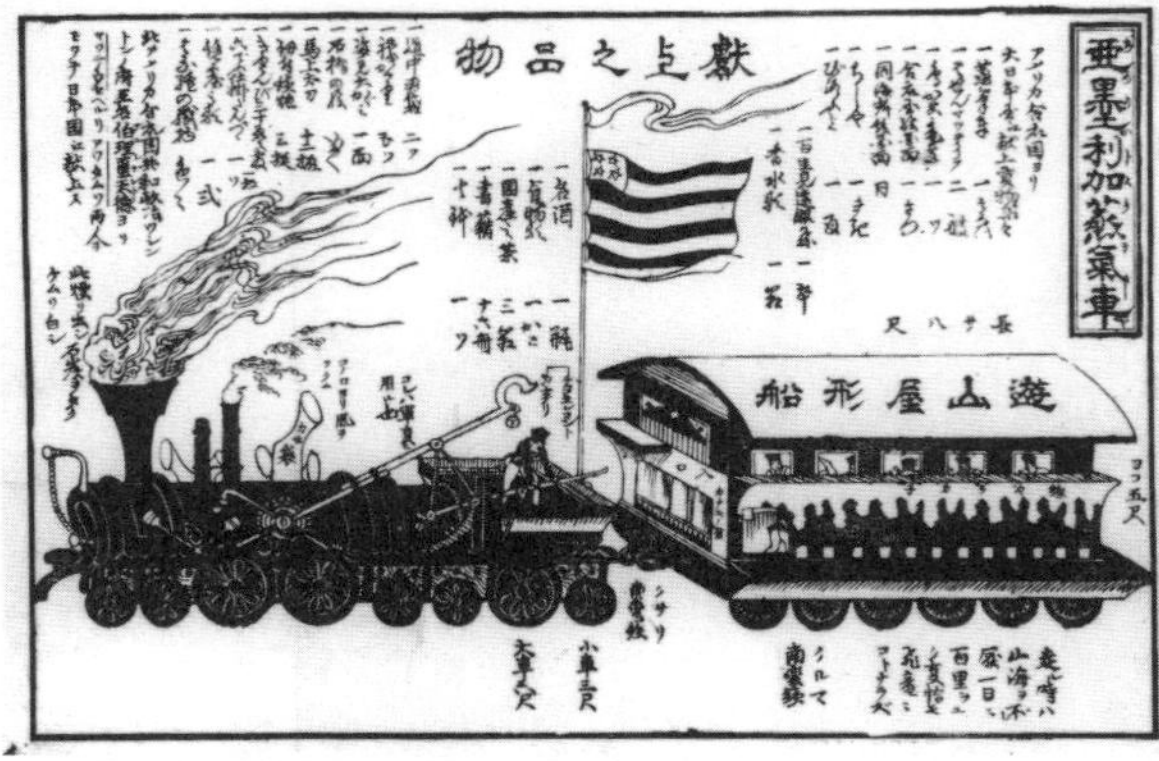

「献上之品物　亜墨利加蒸気車」　ペリーからのお土産の蒸気車。客車を遊山屋形船と名付けている。右下には飛竜のごとく一日に百里を走る、などと書かれている。　横浜開港資料館所蔵

を走る汽車にとりわけ注目が集まった。知識が豊富な人は、かつて中国とイギリスが戦争（アヘン戦争）をした時、イギリスの蒸気で動く軍艦が揚子江を遡り、戦況を有利に導いたことを知っていた。だからペリー提督が率いてきた蒸気船に彼らが驚いたのは、それが蒸気で動くからではなく、あまりにも巨大だったからである。それもそのはず、アメリカの蒸気軍艦は当時世界最大級だった。蒸気船について予備知識のあった人々も蒸気で地上を走る汽車のことはよく知らなかった。

二月十五日、贈り物が陸揚げされると同時に、艦隊乗り組みの技術者の手で、蒸気機関車、石炭と水を運ぶ炭水車、人が乗る客車が組み立てられた。鉄製の円形の軌道も敷設された。これは四分の一の模型だったが、それでも客車は一

人が乗れるくらいの大きさがあった。試運転が行われると、興味津々の日本の役人の一人が乗ってみたいと言いだした。客車の屋根にしがみつき、袖をひらひらさせながら、円形軌道をぐるぐる回る役人の姿は、さぞかしおもしろい見ものだったろう。

エレトルテレガラーフ

アメリカからの贈り物のうちで、汽車と同じくらい注目を集めたのは電信機だった。艦隊から上陸した隊員の一団が、応接所からかなり離れた場所に小屋を建て、応接所との間に何本かの柱を立てて、その上になにやら鉄の線を張り渡した。応接所と小屋に置かれた機械の間で、線を通じて、英語でもオランダ語でも、一瞬のうちに伝わったのである。好奇心旺盛な日本の役人たちは、その原理を知りたくて、毎日毎日技師たちに実験してくれるように頼み、熱心に観察していたが、原理を理解できたかどうか。

贈り物の目録には、電信機は「エレトルテレガラーフ　但雷電気ニて事を告ル器械」と記されていた。この目録は広く世間に知れ渡ったが、機械の実物も実験の様子も見聞していない人々にとっては、この言葉の意味を理解するのは困難だったろう。

日本最初の写真撮影

アメリカの使節団には、写真を撮影できるエリファレット・ブラウン・ジュニアという人物が加わっていた。当時の写真技術は銀板写真法といって、四角い箱の一つの面に開けた穴にレンズを嵌め、そこから外の景色や人物の像を取り込んで、銀を塗った銅板に映像を定着させるものだった。

エリファレット・ブラウン・ジュニアは横浜村のあちこちでさまざまなものにレンズを向け、景色を写し撮った。残念ながら風景写真は失われてしまったが、通訳の名村五八郎の写真が現存している。銀板写真法というのは、ちょうど鏡に映った像がそのまま定着するようなものなので、左右がさかさまに写ってしまう。そこで名村はわざわざ刀を右に差し、着物の打ち合わせを逆にしなければならなかった。

幕府の役人が味わった洋食

二月三十日、最後の仕上げのために四回目の会談が行われるが、その前日の二十九日、ペリー提督は応接掛や通訳など幕府の役人約七〇名を旗艦ポーハタン号に招いて大宴会を開いた。招待された人々は、マセドニアン号とポーハタン号の艦内を見学したのち、応接掛や通訳ら約一〇名は司令長官室で、他は後甲板で饗応を受けた。この日のために用意されていた牛や羊、貯蔵肉や魚・野菜・果物が、ベテランの提督付料理長によって調理され、極上の葡萄酒やさまざまな酒が惜しげもなくふるまわれた。とくに牛タンが好評だった。

司令長官室では、アルコールが回って陽気になった応接掛の松崎満太郎が、ペリー提督の首に抱きつき、何度も「日本とアメリカ、心は一つ」と繰り返したという。後甲板でも乾杯が重ねられたが、参加者の間では、マラスキーノ酒の評判がよかった。これはサクランボを原料とするイタリア産の酒である。鳥の丸焼き一羽分を袖に入れて持ち帰った人もいた。鯛の尾頭付同様持ち帰り用だと勘違いしたらしい。

第二話　横浜の開港

五雲亭貞秀「神奈川横浜二十八景之内　西の方波戸場ヨリ真直の通りハ港崎町ゑもん坂ニ出るを見るナリ并海岸町御船蔵本町五丁目大通り商家の有様を見渡すに至る」　万延元年（1860）5月　横浜開港資料館所蔵

通商条約の締結

日米和親条約に基づいてアメリカ総領事ハリスが下田に到着したのは安政三（一八五六）年七月、四年十月に江戸で将軍徳川家定と謁見、十二月から幕府との交渉がスタートした。会談を重ね、同年末に条約の成文はできあがっていたが、条約締結に反対する大名もいたので、国論の統一を図るため、幕府は朝廷の承認を取り付けようとした。そこで翌五年正月、老中堀田正睦《まさよし》を京都に派遣したのだが、これが裏目に出て、朝廷の承認を取り付けることもできず、調印は宙に浮いた形となった。埒が明かないので、ハリスは一旦下田に戻った。

安政五年六月十三日、アメリカ軍艦ポーハタン号が下田に入港し、中国と交戦中（アロー号戦争）のイギリス軍とフランス軍が広州を攻撃して、戦況を有利に進めているという情報を伝えた。ハリスの行動は速かった。さっそくポーハタン号に乗り、柴村沖へやってきて条約調印を迫った。十九日に至り、神奈川沖に碇泊中のアメリカ軍艦ポーハタン号上で、日米修好通商条約の調印が行われた。結局、幕府は英仏連合軍の日本接近と軍事的圧力、これに対するアメリカの仲介努力、というハリスの「言葉」に屈し、朝廷の承認なしに条約に調印したのであった。

オランダ商館長のドンケル＝クルティウスもハリスと並行して条約交渉を行い、成文を得ていたが、度重なる調印の延期にしびれを切らし、一旦長崎に戻った。日米条約が調印されれば日蘭条約にも調印する、という約束に基づいて、幕府側全権委員たちは日蘭条約に署名して長崎に送付、ドンケル＝クルティウスがそれを受け取ったのが長崎帰着後の七月十日であり、この日が日蘭条約の調印日となった。

ロシアのプチャーチンと、中国との終戦条約（天津条約）締結を済ませて江戸に来航したイギリスのエルギン卿は同時並行的に幕府と交渉し、ロシアは七月十一日、イギリスは同十八日、それぞれ条約に調印した。エルギン卿とともに天津条約の調印を済ませたフランスのグロが品川沖に姿を現したのは八月十三日のことで、九月三日、五か国目の調印が行われた。結局ハリスの言葉に相違して、英仏ともに軍隊を引き連れることなく平和裏に来航し、無理難題もなく、基本的には日米条約と同様の条約内容に落ち着いた。ハリスの巧みな駆け引きが功を奏したと言える。

外国貿易の始まり

五か国との間で結ばれた通商条約が、ペリー提督と結んだ和親条約と決定的に違う点は、貿易を認めたことである。和親条約後に結ばれた日蘭・日露追加条約にも貿易を認める内容があるが、「会所」という役所を通じてのものであった。通商条約では内外の商人が直接取引を行う「自由貿易」が謳われている。貿易を行うには港湾施設や貿易品を調べて関税を徴収する運上所、来日する外国商人が居住・営業するための場所（外国人居留地）を備えた港と町（開港《かいこう》場《じょう》）が必要で、函館・神奈川・長崎・新潟・兵庫の五港がこれに当てられた。実際には神奈川の一部だということで横浜が、また兵庫の代わりに神戸が開港された。

ハリスは、この五港だけでは満足せず、将軍のお膝元であり政治の中心である江戸と、「天下の台所」と呼ばれる商業の中心地大阪も開港場に含めたかった。しかしこれには日本側が頑強に抵抗し、港は開かず町だけ、それも定住は認めず商取引のための一時的滞在だけを認めることにした。これを開市場《かいしじょう》という。しかし、実際には江戸（東京）にも大阪にも、外国人の定住を認める居留地が設けられた。また大阪は明治元（一八六八）年開港場に変更された。

開港場にせよ開市場にせよ、外国商人がやってきて日本人と取引を行うことになれば、紛争の生じることも予想される。その際の裁判の方法も取り決められた。簡単に言えば、日本人が被告の場合には日本の役所が日本の法律に基づいて、外国人が被告の場合にはその人が属する国の領事がその国の法律に基づいて裁判を行うこととされた。これを領事裁判制度という。

外国人が開港場の中でしか行動できないのは窮屈だとして、開港場のおよそ十里四方に遊歩区域が設けられた。その範囲内で外国人が散策するのは自由だが、居住と営業は認められなかった。また、外国人が居住地内でキリスト教を信仰するのは自由であり、そのために礼拝堂を建ててもよいこととされた。出入港手続きや禁輸品、関税の率など、貿易に関わる細かい規則は、条約に付属する貿易章程で定められた。

明治時代になると、外国人に日本の裁判権が及ばないこと、外国側にのみ最恵国待遇（有利な取り決めは自動的にすべての条約締結国に適用されること）を認めたこと、税率の変更にあたって外国との協議が必要なこと（協定関税制）の三点が不平等だとして、条約改正が大きな問題となった。協定関税制を除き、条約改正が達成されたのは、明治三十二年のことであった。

突貫工事で街づくり

横浜で締結された日米和親条約が神奈川条約と呼ばれたように、神奈川宿と横浜村は、ペリー艦隊が「横浜湾」と名付けた一つの湾に臨む一つの地域と考えられていた。日米修好通商条約が開港場に定めた「神奈川」も同じ意味だった。しかし、「神奈川」の開港にあたり、時の大老井伊直弼は、開港場を神奈川宿ではなく横浜村に限定した。各国が望む東海道沿いの繁華な神奈川宿を避け、「神奈川の一部」という理由で対岸の横浜村を開くという方針は、通商条約調印直後の安政五（一八五八）年夏ごろにはすでに幕府内で決定していた。そのために、外国公使団との対立が発生した。

神奈川宿か横浜村かの二者択一ということになれば、水深の深い横浜村地先は大型船の碇泊に優れており、背後に市街地として開発しうる広大な新田地域の存在する利点もあった。それに、参勤交代の大名行列が行き交う東海道沿いの神奈川宿では、外国人との間にトラブルが予想され、辺鄙な横浜村の方が取り締まりやすかった。

神奈川宿と横浜村が一つの地域に見えるのは海から見てのことである。陸から見ると、両者は一つの入江と一つの山塊によって隔てられている。東海道から横浜村へ行くには、保土ヶ谷宿の近くで南に折れ、戸部の山を越えて、さらに吉田新田を横切らなければならなかった。まさに陸の孤島だったのである。

オランダ貿易の窓口だった長崎はいうまでもなく、函館や下田にしても、開港前からそれなりに整備された港町だったが、横浜はそれまで半農半漁の小さな村にすぎず、約一年の間に一から開港場として整備しなければならなかった。波止場や新道の整備、貿易事務に必要な運上所など公的施設の建設、日本人や外国人の居住地の造成など、開港準備が急ピッチで進められた。安政五年十月下旬には外国奉行が中心となって横浜村とその周辺の視察が行われ、東海道から横浜村に通ずる新道（横浜道）を開くこと、運上所を境として一方を日本人の町に、他方を外国人の町とすること、戸部村に奉行所を置くことや遊女町を設けることなどが検討された。

安政六年三月三日、先の視察の結果に基づいて、外国奉行らは新道に架ける橋の位置や海岸から突き出す波止場の位置、奉行所官舎の建設場所などを決定し、三月九日には早くも運上所や官舎の地ならし工事について入札が行われた。波止場の築造は武州高島村（現在埼玉県深谷市）の名主笹井万太郎が落札。官舎の建設は江戸の土木請負業者蔵田清右衛門が落札したが、

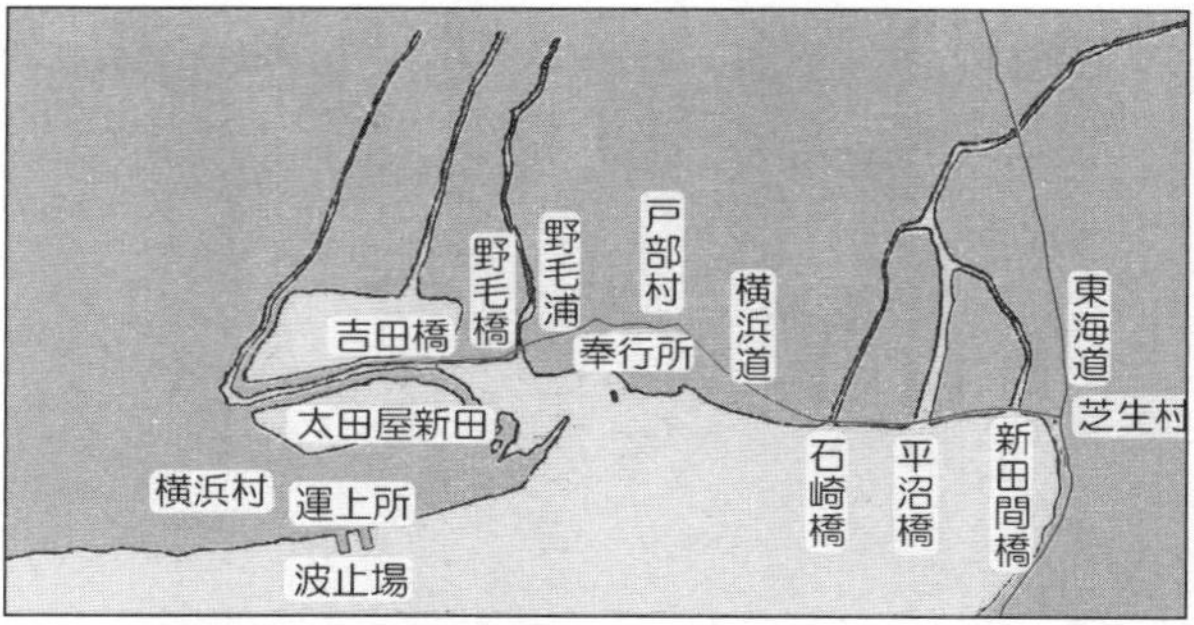

開港時の開港場周辺の模式図　作図。

磯子村（現在磯子区）の堤磯右衛門が下請工事を担当した。

横浜道の建設は久良岐郡太田村（現在西区・中区・南区）の勘七が請け負い、道の途中に架かる三つの橋（新田間《あらたま》橋・平沼橋・石崎橋）の工事は平左衛門という人が下請工事を担当したが、資金が不足して工事がストップしてしまった。そこで急遽幕府の依頼を受けた保土ケ谷宿本陣の当主、軽部清兵衛がピンチヒッターを務め、突貫工事で開港前日の六月一日に間に合わせたという。

外国奉行たちは、小さな村を繁華な都市に発展させるためには「遊興見物所」が必要だと考えたが、その中心をなすのが遊郭だった。建設場所はまだ沼地だった太田屋新田の中央に決まり、かねて遊女屋の出店を出願していた品川宿の旅籠屋佐藤佐吉や神奈川宿旅籠屋鈴木善二郎ら五人に場所を貸し与えた。しかし営業を始める前に沼地を埋め立てなければならず、そのためには莫大な資金が必要なことから脱落者が相次ぎ、佐藤佐吉の単独事業となった。結局、開港期日に間に合わなかったので、運上所近くに設けた貸長屋の一部を仮宅として、開港直後の六月十日に開業した。

いざ横浜へ

安政五（一八五八）年十二月三十日、江戸で横浜が開港される旨の町触が出た。翌年正月十二日には全国を対象に老中の達書が出され、開港場への出稼ぎ・移住を望むものは役所に願い出るよう通知された。願い出たものには営業種目に応じて土地が貸し与えられることになった。希望者の数は意外に多く、三月中には横浜のおもな土地はほとんど割り渡されてしまった。

正月中に出願したことが明らかなのは、江戸村松町の伊勢屋善四郎という塗物問屋で、この人が第一号かもしれない。二月には北村彦次郎・遠州屋清次郎ら、十五名の駿府（現在静岡市）の商人たちが揃って出願した。彼らは下田の商人と繋がりがあり、下田に入港する外国船の船員たちが、塗物と茶を好むことを知っていたので、それらを販売する予定だった。三月には下田からも、綿屋吉兵衛と浦賀屋幸助を総代として、八名ほどの商人が出願した。

四月には日本を代表する大商人、越後屋三井八郎右衛門が出願したが、これは自発的なものではなく、他の店の手本となるような、また外国人に侮られないような、立派な店を出すように、という外国奉行の命令によるものであった。同じく四月に大挙して出願した保土ヶ谷宿の商人も、横浜に集まる人々の生活の便宜のために、飲食物などを提供することを目的として、外国奉行が計画的に店を出させたものであった。

　神奈川宿の商人も三月から六月にかけて出願した。開港当日の六月二日には、肴屋平兵衛と稲屋平左衛門が、魚問屋七四人の総代として出願している。保土ヶ谷宿商人同様、横浜に集まる人々の生活を支える職業が多い。しかし、保土ヶ谷宿商人ほどの計画性はなかった。神奈川宿と保土ヶ谷宿の間に芝生村という村があったが、ここからも手塚清五郎を代表として、四月中に一三人の商人が出願した。これは神奈川宿と保土ヶ谷宿の商人に触発されたものだろう。

「異人本町にて塗物を買入之図」　本町通りの塗物店。五雲亭貞秀著『横浜開港見聞誌』（初編）より。横浜市中央図書館所蔵

　正月の伊勢屋善四郎を皮切りに、江戸の商人も続々出願した。おもなものを紹介すると、一七人の薬店総代薬種屋繁蔵と鰯屋市左衛門、鰹節問屋の総代浜吉屋次郎兵衛、塩問屋総代永喜屋富之助と丸中屋吉右衛門などである。しかし圧巻は塗物問屋であった。

先の伊勢屋善四郎をはじめ、五月頃までに計九軒の問屋が出願したが、いずれも横浜町五丁目大通り北側に土地を与えられ、ここに塗物店がズラッと並んだ。

次のような注目すべき商人もいた。

一つは諸藩と結びついた商人である。二月二十五日に出願した肥前屋小助というのは、実は一人の商人ではなく、高島嘉右衛門ら三人の商人が佐賀藩と組んだもので、佐賀の特産品である陶器の輸出を目論んだもの。また石川屋というのは、横浜村の名主の一族である石川徳右衛門の名義で出店したが、じつは福井藩の藩営商社で、福井の産物の販売を目的としていた。四月十八日に上州吾妻郡中居村（現在嬬恋村）から出願した中居屋重兵衛は、外国奉行から、上田藩・会津藩・紀州藩の特約店として認可されており、とくに上田藩の特産品である生糸をたくさん集荷できる立場にあった。

もう一つは村の上層農民がバックアップして出願したものである。生糸の産地である甲州八代郡東油川村の甲州屋篠原忠右衛門、同じく広瀬村の甲州屋川手五郎右衛門、また甲州への交通路沿いに当たる相模国津久井郡上川尻村の名主八木兵助などである。

外国商船が続々来航

安政六（一八五九）年六月二日は開港期日とあって、横浜在勤の外国奉行村垣淡路守は、早朝七時頃から運上所に出勤し、外国船の入港に備えた。午後三時頃、ウォンダラー号という帆船が入港手続きを済ませた。アメリカのハード商会が派遣した船である。運上所ではこの船をアメリカ一番船として台帳に登録した。もっともこの船は、すでに前日、アメリカ軍艦ミシシッピー号とともに入港していた。この軍艦には公使のハリスや神奈川駐在領事として赴任したドーアとともに、ジョセフ・ヒコが乗っていた。ヒコは元の名を浜田彦蔵といい、嘉永三（一八五〇）年に漂流中、アメリカ船に救助され、アメリカの市民権を得ていた。横浜開港のニュースを知り、領事館員の職を得て、十年ぶりに帰国を果たしたのである。ウォンダラー号にはヒコの友人で、ハード商会の契約社員兼領事館員のヴァンリードが乗っていた。ヒコも同じく契約社員で、領事のドーアは同社の代理人を兼ねていた。

夕方四時頃、オランダ船が入港した。シラー号という帆船で、長崎から回航してきた。派遣元はオランダのジームセン商会、搭乗の荷主はクニフラー、運上所ではこの船をオランダ一番船として登録した。翌三日の午前八時頃にはイギリスの蒸気商船カルタゴ号が入港、ジョゼ・ロウレイロが乗っていた。デント商会という大きな商社の持ち船で、郵便物を運ぶ飛脚船でもあった。

四日には入港船は無かったが、クニフラーが運上所へやってきて、家を借りたいというので、調役が応対した。奉行所では領事や外国商人の当座の用のために、長屋や納屋を建てていたの

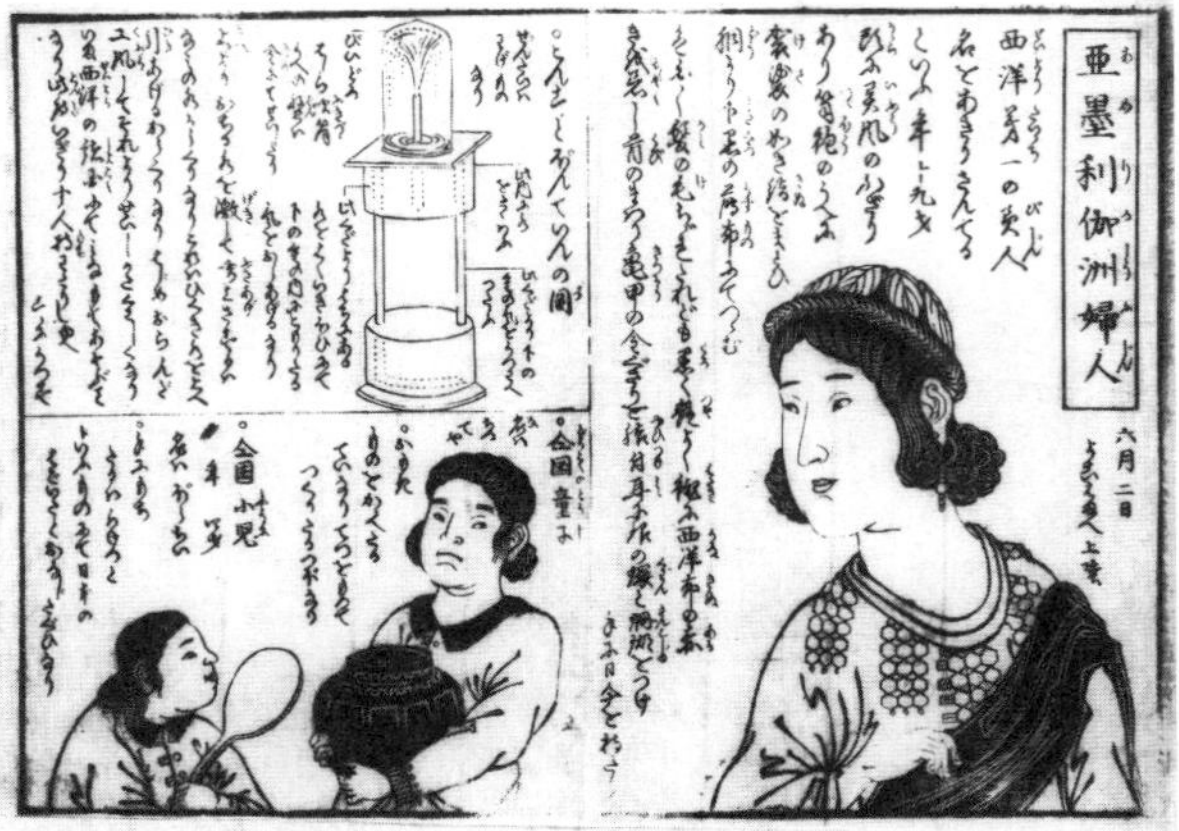

「亜墨利伽洲婦人」　右が「西洋第一の美人」。左上のサイフォンを紹介した「こんすとぽんていんの図」は、森島中良著『紅毛雑話』からの引き写し。横浜開港資料館所蔵

で、六日になって長屋一軒と二〇間の板納屋を貸した。クニフラーはこれを利用して十七日に店を開き、外国商人の開業第一号となった。

五日にはオランダ帆船プリンセス・シャルロッテ号が入港し、オランダの副領事ポルスブルックと商人のヘルマン・ファウペルが来日した。六日にはオランダの蒸気船アタランテ号が入港した。この船にはオランダの商人J・スフット・ジュニアらとともに、イギリス商人のケズィックとバーバーが乗っていた。両者が属するジャーディン・マセソン商会は、デント商会に匹敵する大きな商社だった。同社がチャーターした船は、十四日にノラ号、二十七日にトロアス号が相次いで入港した。十八日にはイギリス帆船ロチ・ロモン

ド号が入港したが、この船は富津《ふっつ》地先の浅瀬に乗り上げ、到着が遅れた。さいわい大事には至らなかったが、開港後最初の海難事故であった。

「西洋第一の美人」が上陸？

横浜が開港される旨の町触が出て以降、江戸では横浜開港に対する関心が高まった。瓦版作者たちがそれを見逃すはずはなかった。安政六（一八五九）年の正月頃から、「御貿易場《おんこうえきば》」と題する瓦版が出始めるようになる。

ある瓦版によると、開港当日の六月二日、「西洋第一の美人」が横浜に上陸した。名はアキリサンテル、歳は十九歳、色白で、髪は縮れているが、黒くて艶やかだと書かれている。別な瓦版では、同じく十九歳のタアマリヤア・ソイテスが神奈川の成仏寺にやってきたというが、いずれも事実とは無縁。開港に対する庶民の関心の高まりに便乗した虚報である。

神奈川には各国の領事館

開港場には領事館が置かれることになっていた。そこで外国奉行は、赴任してくる領事の当座の用に備えるため、横浜に領事のための建物を建てて待ち構えていた。開港当日の六月二日、アメリカ領事のドーアが書記官ヒュースケンを連れて運上所を訪れ、領事館の開設について外国奉行と交渉した。奉行はすでに横浜に領事のための建物を用意した旨を伝えたが、アメリカ側は、条約に開港場として「神奈川」と記されていることに固執し、神奈川宿を見下ろす高台にある本覚寺を希望したので、そこに領事館が開設されることになった。六月五日にはオランダ副領事ポルスブルックが来航した。奉行はやはり横浜に領事のための建物を用意した旨を告げたが、ポルスブルックは「自分は『神奈川領事』に任命されたのだ」と主張し、やはり神奈川宿の成仏寺を領事館の地と定めた（のち長延寺に移転）。

五月二十六日、軍艦サンプソン号に乗って、イギリス総領事オールコックが、代理領事に任命されたヴァイスを伴って品川沖に来航し、江戸に上陸した。ヴァイスも神奈川宿に領事館を置くべきだと主張し、浄滝寺と普門寺を選定、前者を住居、後者を事務所とした。フランスはデント商会のジョゼ・ロウレイロを領事代理に任命し、住居として滝の川沿いの慶運寺を選んだ。現在、浦島太郎の守仏とされる観音像を祀っていることから、浦島寺として知られている寺である。事務所としては甚行寺を選んだ。

第三話　外国人居留地事始め

歌川広重（二代）「横浜繁栄之図」　慶応元年（1865）８～９月
横浜市中央図書館所蔵

仮暮らしの外国人

外国公使団は、辺鄙な横浜村に開港場を設けようとする幕府の政策に、外国人を隔離することによって貿易の発展を妨げようとする意図を見てとり、猛反対した。しかし、外国商人たちの反応は別だった。彼らは、実際上の利害から判断して、波止場や運上所があり、すでに日本人商人が店を構えている横浜を選んだ。公使団が横浜に居留地を設けることを認めるまでの半年余の間、彼らは幕府が用意した貸長屋や農民の家を借りて仮住まいを余儀なくされていた。開港から五か月程経った安政六（一八五九）年十一月には、幕府が一二棟の「外国人仮家・貸納屋」を増設している。当時の模様を『イリス商会百年史』は次のように形容している。

「商人たちにとって問題だったのは、ともかく速やかに住居を定める事であり、企業心に富む彼らには冒険は好むところであったので、文句も言わずに横浜に留まったが、これはアメリカのゴールド・ラッシュの時代に似ていると云われている。」

福沢諭吉の回顧談『福翁自伝』にも、「開けたばかり」の横浜へ見物に行った時のこととして、「掘立小屋みたいな家が諸方にチョイチョイできて、外国人がそこに住まって店を出している」という記述がある。

横浜最初の大火事

横浜は何度も大火事に見舞われたが、早くも開港の半年後、陰暦では年末の安政六年十二月十一日、陽暦では新年早々の一八六〇年一月三日、外国人居住地でかなりの規模の火災が発生した。この火災は、現場に居合わせたイギリス領事館付通訳ブレックマンによって、次のように報告されている。

午後一時頃、ブレックマンは神奈川から横浜へ向かう船に乗っていた。その時、外国人居住地から白い煙が上がり、それが炎を含む濃い黒煙に変わるのが見えた。かれは船頭を急がせて現場に急行した。火元はトーレルとカーターの倉庫、それがデコーニングの草葺納屋に飛び火して燃え広がったのである。

日本人は官民挙げて消火に尽力した。横浜の人々は言うまでもなく、海を越えて神奈川宿からも消火に駆けつけた。消火にあたった日本人にも被害があった。怪我をした日本人に対しては、公使団から義捐の申し出があった。

ようやく横浜が市民権を獲得

火災の翌四日、善後策を協議するためにケズィックを議長とする外国人居留民の集会が開かれた。集会ではまず消火にあたった日本人への感謝決議が採択されている。席上、エルムストーン（英サッスーン商会）の提案により、恒久的な開港場として望ましいのが横浜か神奈川かを決議する場に切り換えられ、横浜を選択すべきことが満場一致で可決された。集会は五名の委員を指名して、居留民団の見解をまとめるとともに、公使団と交渉にあたるべきことを決議した。翌五日、再び集会が開かれ、委員から横浜を選択する五か条の理由書が提出された。横浜の方が港として優れていること、すでに日本側の役所や日本人商人の店ができており、貿易も始まっていること、隔離されている方が安全であることなどがその理由だった。理由書は満場一致で採択され、集会の議事録に請願書を添えて各国公使に送付することが議決された。請願書は翌六日の日付で起草され、二八名が署名している。

請願書に対する英公使オールコックの回答は一月二十七日に届いた。神奈川での権利を留保すべきだとしつつ、神奈川への移住を強制することは控え、横浜での借地や家屋の建造を合法化するための便宜を与えるべきことが指令されている。居留民の請願は受け入れられたわけである。これらの議事録や理由書・請願書は、開港場として横浜が市民権を獲得するに当たっての記念碑的な文書だと思う。

居留地の街づくり

横浜が市民権を獲得することによって、外国商人たちは晴れて横浜に居住することができるようになったが、それは既成事実の事後承認といった性格のものであり、その意味であくまで

「仮」の居留地にすぎなかったが、これ以降居留地の街づくりが本格的に進められていく。再び『イリス商会百年史』を引用すると、その頃の様子は次のようであった。

「若い商人たちは簡単な木造家屋の建設に着手し、たちまちのうちにズラリと家が建ち並んだ。そこでは一間で居間、寝室、倉庫兼用であり、夜ともなれば商品の側で、装填した拳銃を傍らに寝たものだった。そして日中ともなると、アメリカの山師さながらにネルのシャツを着て長靴をはき、開拓者じみた生活をしていた。その結果たいして経たない内に、この漁村はちょっとした町になり、やがて都市となって、その商業活動は長崎よりもずっと速く伸びていった。」

これ以降の数年間（万延・文久年間）は居留地の草創期であった。『シュピースのプロシヤー日本遠征記』が引用する一八六三年二月の日付をもつ書簡は、その頃の様子を大意次のように描写している。

目下海岸には立派な波止場が造られているが、着飾った婦人たちが毎晩ここをぶらぶら逍遥するのが見受けられる。ここはまるで小パリのようになっている。紳士たちはピカピカした革の靴を履き、光沢のある革の手袋を嵌めて歩き廻っている。高いカラーも手袋も用いずに、大きな上着を付けて、ブカブカの長靴を履いて、フランネルのシャツを着た一八六〇年以来の古い居留民に出会ったりすれば、彼らはひどく顔を顰めるであろう。

「横浜絵図面」 1865 年 フランス人技師クリペが作成した実測図。本書に関連する地名等を記入した。 横浜開港資料館所蔵

専管居留地と共同居留地

開港から約半年後の万延元（一八六〇）年正月現在、日本側が把握していた横浜在住外国人数は四四名だった。それから二年後の一八六一年末、イギリス領事が調査したところ、一一八人に増えていた。内訳はイギリス五〇人、アメリカ三六人、オランダ一九人、フランス一三人。

一八六〇年二月頃に幕府が用意した居留地の地所はたちまち手狭となった。ただちに東方への拡張が準備されたが、フランスが出し抜いて、五月にさっさと自国民のための土地の借地権を獲得し、領事館令を公布して運営を始めた。このように一国だけで運営するのを専管居留地と言う。出し抜かれたイギリス、アメリカ、オランダ三国の領事は、残りの土地の借地権を七月に共同で居留民に分配し、八月に三国共同で神奈川地所規則を公布した。

このような運営方法によるものを共同居留地と言う。

居留地の拡張はその後も行われた。翌一八六一年六月には、四、六五〇坪余が付け加えられた。一八六二年には横浜村農民の主要な耕地だった横浜新田の埋め立てと宅地造成が進められ、外国人に分譲された。なお、一八六四年に結ばれた「横浜居留地覚書」以降は、フランスも共同居留地に合流した。

通商条約によれば、居留地の運営は、日本の奉行と外国の領事が協議・決定する地所規則によって行うこととされていた。しかし、フランスも他の三国も神奈川奉行と協議することなく規則を決めてしまったので、それは日本側を拘束するものではなく、条約の定める正規の規則とは言えない。横浜の居留地は正規の規則をもつことなく運営され始めた。

居留地に地番が誕生

本来ならば正規の地所規則が制定され、その施行細則として地代（借地料）の額や徴収方法、地所貸渡証書（地券）の書式などが決められるべきだった。それらが整備されることなく居留地の運営がスタートしてしまったのだが、地代の額だけは決めないわけにはいかない。ところがその交渉が難航した。

居留地の土地はもともと横浜村農民の耕地だったので、立退料や年々の補償金、農民が幕府に納めていた年貢、幕府が宅地造成に要した費用の償却分などがすべて外国人の支払う地代に含まれなければならない。それに同様の条件で土地を借りている日本人商人の支払う地代より安くする理由はない。したがってそれはかなりの高額となる。そのことを外国側はなかなか理解しなかった。それでも一八六一年十月、ようやく合意に達し、未納分を含めて徴収が開始された。地代の納入にともなって交付される地所貸渡証書とそれに記された借地条件が、ささやかながら日本側と外国側が共有する居留地運営の規則となった。

地代の額は当然借地面積によって異なる。神奈川奉行所では、地代の徴収と合わせて居留地の図面を作成し、借地の位置と面積が明瞭になるようにした。その際、区画ごとに地番を付けた。それまで居留地に統一的な地番はなく、商館は国籍別に番号を付けて呼ばれていた。一番地のジャーディン・マセソン商会がイギリス三番、二番地のウォルシュ・ホール商会がアメリカ一番と言った具合に。これ以降は外国商館を地番で呼ぶことが多くなる。イギリス三番だったジャーディン・マセソン商会はイギリス一番館と呼ばれるようになる。

近代的な都市計画

慶応二（一八六六）年十月二十日、未曽有の大火が横浜を襲った。この火災で焼け出された地域は、日本人と外国人の市街の中間に位置し、運上所や町会所のある行政の中心であるとともに、さまざまな職種の人々が雑然と集中する地域だった。運上所と居留地の間には貸長屋街があって、小商人や職人が住んでいた。その後方から太田屋新田地内へ下る衣紋坂には屋台が並び、そこから遊郭へ向かう吉原道の両側には飲食店が並んでいた。火元となった豚肉料理屋は吉原道が遊郭に向かって直角に折れる辺りにあった。

外国側は以前からこの地域を好ましくない場所と考えており、「横浜居留地覚書」では、太田屋新田の埋め立てが完了した場合、遊郭を居留地から離れた場所に移転すること、居留地と運上所の間に直線道路を造ること、埋め立て完了前に火災が発生した場合、再開発対象地域での家屋の再建を禁止することが決められていた。イギリス領事マイバーグは火災の翌日さっそく神奈川奉行と会見し、「横浜居留地覚書」の第五条に基づいて、被災地に家屋の再建を禁止するよう申し入れている。マイバーグはまた居留地と日本人市街の間に火除地を設けること、この問題について協議するための幕府高官の派遣を提案した。

幕府はイギリスの提案に応え、小栗上野介、柴田日向守、水野若狭守の三人を特使に任命して横浜に派遣した。イギリス、フランス、オランダ、アメリカ四か国連合艦隊の下関砲撃後に締結された「横浜居留地覚書」には、軍事的な圧力をこうむっていたために、日本側に不利な条項が多く、幕府にとっても改定の良い機会だと判断したのだろう。慶応二年十一月二十三日、幕府の特使とイギリスなど諸外国の代表との間に「横浜居留地改造及競馬場墓地等約書」が締結された。その結果、日本人市街の海岸一帯に外国人の借地権を認めるとした「横浜居留地覚書」の第七条が廃止されるなど、日本側にとっても得るところがあった。火災を逆手にとって、より近代的な街づくりを求める外国側の要求も多く盛り込まれた。

外国側が特に力を入れたのは関内中央部の整備だった。遊郭の跡地に公園を設けること（現在の横浜公園）、公園から波止場にかけて、居留地と日本人市街の間に火除けのための大通りを設けること（現在の日本大通り）、その周辺では耐火構造の建物のみ建築を許可すべきことなどが盛り込まれた。これらは西洋的な街づくりの理念に基づく最初の近代的な都市計画と評価されている。

「象の鼻」の誕生

開港当初、横浜の港湾施設は貧弱だった。幕府は横浜村の海岸中央部に二本の突堤を築き、東側を外国貿易用、西側を国内貨物用とした。これが最初の海陸連絡施設であった。もちろん大型船が接岸することはできず、沖合の船と波止場を艀《はしけ》が往復して貨客の輸送に当たった。

文久年間には居留地の中央に、少し小型の二本の突堤が築かれ、一八六四年三月六日から使用が開始された。東波止場とも、フランス人居住区の前面にあったのでフランス波止場とも呼ばれた。それに対して、最初の波止場は西波止場、明治二（一八六九）年にその前面にイギリス領事館ができてからはイギリス波止場とも呼ばれた。東波止場は荷揚げの便を良くするとともに、密貿易を防ぐ狙いがあったと思われるが、あまり効果がなかったらしく、明治四年十一月、通関業務を行う東運上所が廃止され、貿易のためには使用されなくなった。その後はボート、ヨットなどの水上スポーツの基地として使われた。

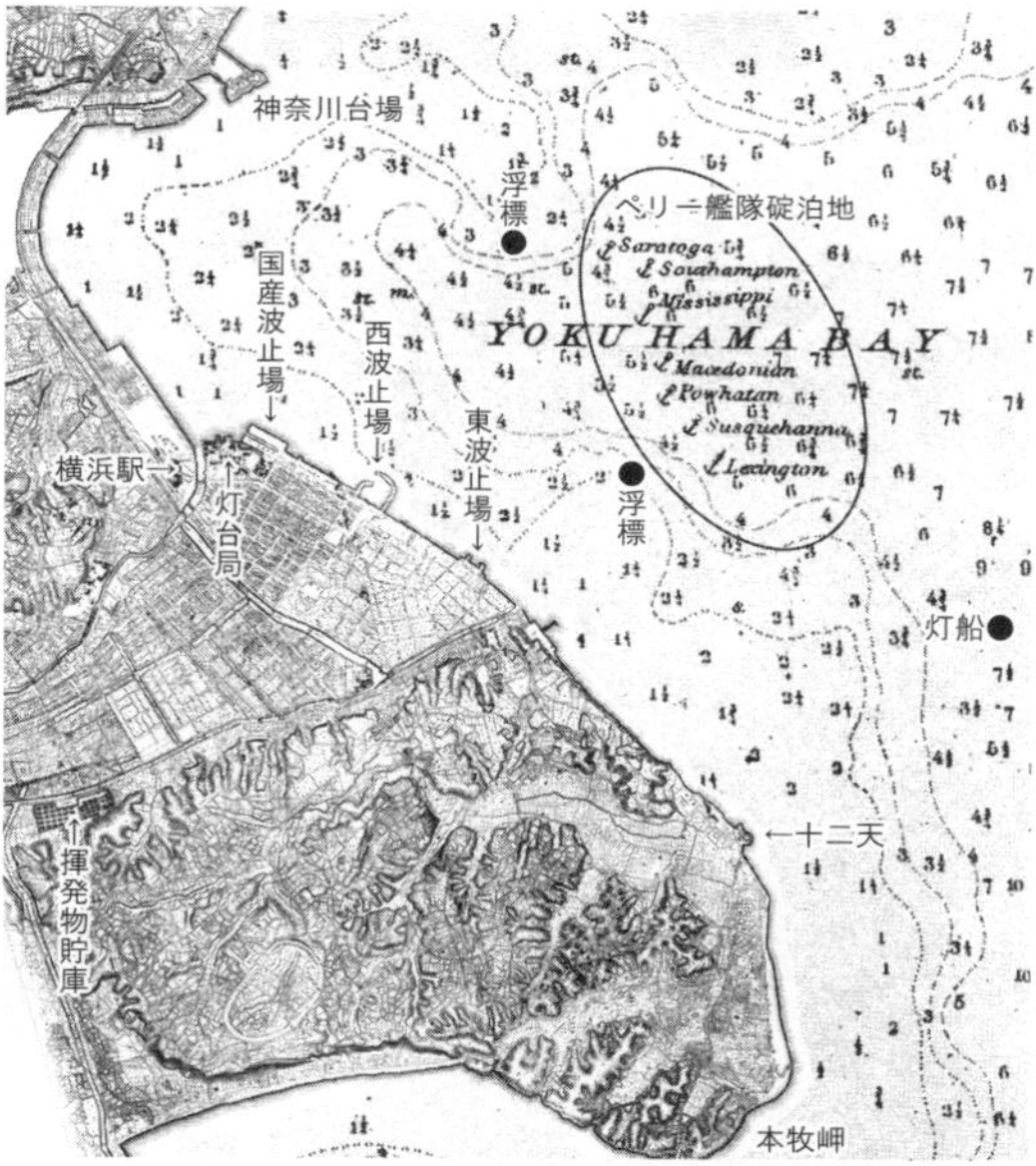

横浜港図　作図。海はペリー艦隊の作成した海図（『ペリー艦隊日本遠征記』付図）、陸は「横浜実測図」（内務省地理局、明治14年＜1881＞）。

　慶応二（一八六六）年末の大火によって、西波止場にあった運上所の施設も類焼した。翌年、その再建に合わせて西波止場の改修工事が行われ、東側突堤（第一突堤）の先端を延長するとともに内側に湾曲させ、西側突堤（第二突堤）の先端も内側に湾曲させて、艀の船溜りの安全を図った。その形から「象の鼻」という呼称が生まれる。明治七年、手狭になった西波止場第二突堤に替わるものとして、旧神奈川渡船場の場所（現在の万国橋付近）に新たな突堤が築かれ、国産波止場、あるいは日本波止場と呼ばれた。

キリスト教宣教師の来日

横浜が開港場として市民権を得たのちも、しばらくの間、外国代表団は領事館を神奈川に置いていた。神奈川の寺院には、キリスト教を広めるためにやってきたアメリカ人の宣教師も住んでいた。日米修好通商条約の第八条によって、外国人の信教の自由と礼拝堂を建てる権利が認められたので、宣教師たちはこの条項に基づいて来日したのだが、日本人にキリスト教を広めるのが真意だった。

神奈川にやってきた宣教師たちは、かつてきびしく弾圧されたキリシタン（カトリック教会の信徒）とは異なり、プロテスタント（新教）の教会に属していた。その中にもいろいろな教派があった。一番早く来日したヘボンは長老派（プレスビテリアン）に属しており、一八五九年十月十七日に入港、翌日神奈川に上陸し、成仏寺を宿舎とした。ヘボンは医師の資格をもっていて、本多貞次郎という日本人が、医学修業のためにさっそく弟子入りした。ついで十一月一日には、アメリカ・オランダ改革派教会（ダッチ・リフォームド・チャーチ・イン・アメリカ）の牧師S・R・ブラウンと医師シモンズが来日し、前者は成仏寺、後者は宗興寺を宿舎とした。

「異人町南側阿蘭陀寺十番ライテツ（僧名）住院」　横浜天主堂を描いた絵だが、それがなぜ「阿蘭陀寺」と記されているのか、「ライテツ」なる者が誰なのか不明。五雲亭貞秀著『横浜開港見聞誌』（二編）より。　横浜市中央図書館所蔵

牧師のブラウンが来日したので、十一月十三日の日曜日にさっそく聖日礼拝が行われた。

翌一八六〇年四月一日にはアメリカ北部バプテスト自由伝道協会の宣教師ゴーブルが来日し、やはり成仏寺に住んだ。ゴーブルはじつはペリー提督の艦隊の水兵として一度来日していた。今回は艦隊乗り組みの唯一の日本人だった漂流民のサム・パッチこと仙太郎（通称仙八）を同行した。ペリー来航時には処罰を恐れて上陸を拒否したサム・パッチだが、ゴーブルの従者としてついに帰国の夢を果たした。

一八五九年、フランス総領事ド・ベルクールの通訳官として来日したジラール神父は、

キリシタンの流れを汲むカトリック教会の聖職者だった。翌一八六〇年六月頃、フランス専管居留地内の土地を入手し、礼拝堂を建てる準備を始めた。礼拝堂は翌年末頃に完成し、一八六二年一月十二日（文久元年十二月十三日）に献堂式が行われた。正式名称を聖心聖堂、通称を横浜天主堂という。開国後最初のカトリック教会の聖堂である。

第四話　横浜のインフラ整備

歌川国松「横浜名勝競　内田町よりステンションの図」
明治 13 年（1880）2 月　神奈川県立歴史博物館所蔵

寺島宗則とブラントン

明治元（一八六八）年六月二十日、イギリスからブラントンが来日した。イギリス公使パークスが推薦した技師で、二つの任務を果たすことになる。いずれも慶応二（一八六六）年に幕府が諸外国と結んだ約束に基づく任務である。一つは「改税約書」第一一条に盛り込まれた灯台など航路標識の整備、もう一つは「横浜居留地改造及競馬場墓地等約書」（以下、慶応約書と略す）の実施であった。これらは幕府の崩壊により、生まれたばかりの明治新政府に引き継がれた。

明治元年四月二十日、新政府の横浜裁判所総督東久世道禧《ひがしくぜみちとみ》と副総督鍋島直大《なおひろ》は旧幕府の神奈川奉行から事務引き継ぎを受けた。これにより、新政府の横浜裁判所は神奈川裁判所と改称、運上所は横浜裁判所となり、寺島宗則が横浜裁判所判事に任命され、外交事務を担当することになった。この後、寺島は六月十七日に神奈川裁判所が神奈川府となった際に東久世知事のもとで筆頭判事に、九月二十一日に神奈川府が神奈川県となった時には知事に任命されるとともに、十月二十五日からは外国官判事を兼ねた。航路標識の整備と慶応約書の実施は寺島宗則とブラントンのコンビで行われた。

航路標識の整備から築港へ

横浜港は天然の良港だったが、近くにいくつかの浅瀬があり、必ずしも安全とは言えなかった。ブラントンのおもな任務は各地に灯台を建設することだったが、横浜港でも航路標識の整備に努めた。ブラントンの計画により、西波止場先端に灯竿《とうかん》と呼ばれる簡易な灯台が設けられた。港の南方の浅瀬北端と神奈川砲台（台場）から突出する北方の浅瀬南端には、礁標として鉄造円錐形の浮標が設置された。また、港の入口に当たる本牧岬の沖合には、灯台と礁標を兼ねた戒礁丸（通称本牧灯船）という船が配置された。（47頁の「横浜港図」を参照。）

ブラントンは大規模な築港計画も立案したが、実現されなかった。その後、オランダ人デレーケやイギリス人パーマーの築港計画案が提出された。さまざまな議論があったが、パーマー案が採用され、明治二十二（一八八九）年から第一期築港工事が始まった。パーマー案に基づいて、西波止場第一突堤の先に、大型船の接岸が可能な鉄製桟橋が築造された。また、港の中心部を風波や潮汐《ちょうせき》の運ぶ土砂から守り、安全な碇泊地を確保するために、防波堤として東水堤と北水堤が築造され、東水堤の先端に白灯台、北水堤の先端に赤灯台が設置された。現在、赤灯台はそのままの位置に、白灯台は氷川丸桟橋の先端に移されて現存している。帷子川《かたびら》河口から北西方向には、帷子川などが運ぶ土砂を港の中心部に流入させず、周辺に導くための馴導堤《じゅんどうてい》が築造された。工事は二十九年五月に竣工した。

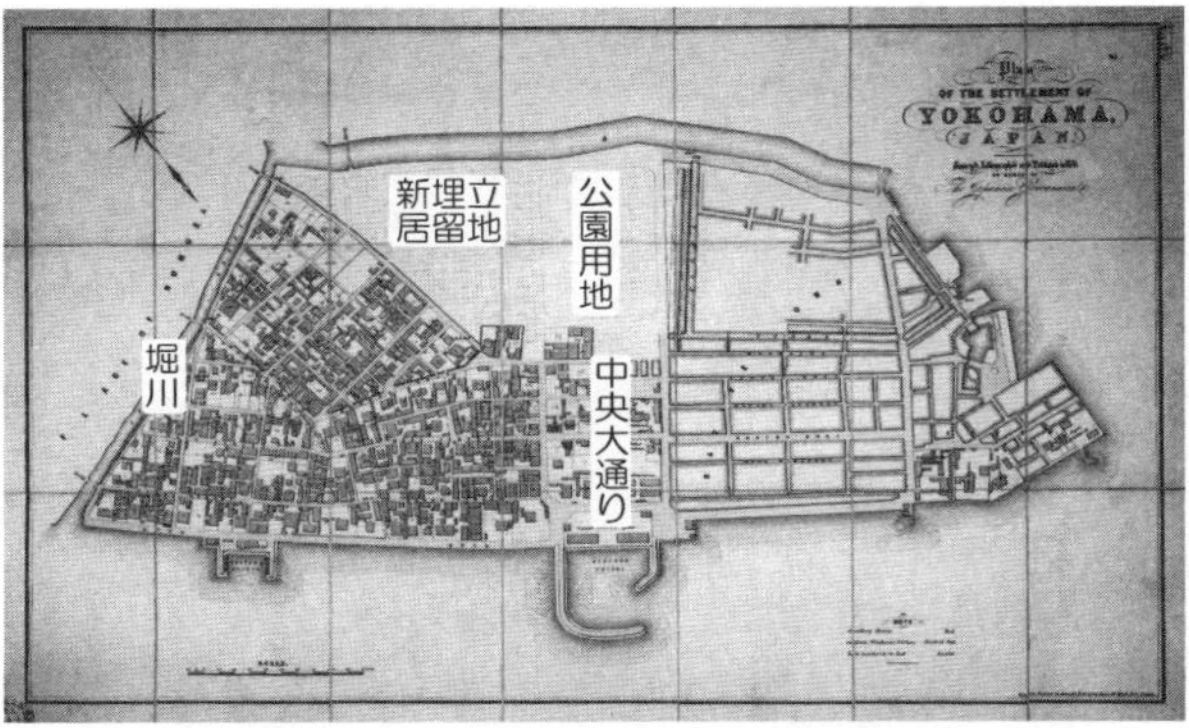

Plan of the Settlement of Yokohama,Japan　明治3年（1870）　ブラントン作成の横浜地図。整備計画の対象地域を記入した。
横浜開港資料館所蔵

近代下水道

慶応約書の実施について言うと、ブラントンの計画は四つの柱からなっていた。

①新埋立居留地（太田屋新田東部地区）の土盛り、下水管敷設。

②横浜公園の造成。

③居留地と日本人市街の境の中央大通り（現在の日本大通り）の造成。

④居留地の脇の運河（堀川）の浚渫と拡幅。

ブラントンは計画実現のため、明治元（一八六八）年九月から助手のマクヴィーンを担当者として居留地の測量を実施した。その成果は明治三年、*Plan of the Settlement of Yokohama, Japan* という石版画に印刷されてイギリスで出版された。測量の結果を基礎として二年の春に「横浜の下水・道路整備計画書」を公表し、陶管を埋設する下水道整備計画や、砕石と砂を交互に突き固めるマカダム式舗装による中央大通りの造成計画、石油による街路照明計画を明らかにした。下水道工事は二年末から開始され、四年中にほぼ完了した。

ブラントンに始まる近代下水道事業を継承、発展させたのは、神奈川県土木課御用掛の三田善太郎であった。ブラントンの陶管下水道は居留地だけだったが、日本人市街では明治十四年、馬車道を皮切りに、三田の手で初めて石造馬蹄アーチ型管による下水道が敷設された。また居留地でも陶管下水道だけでは容量不足になったため、煉瓦造卵型下水管の敷設を計画し、十四年十二月に着工、二十年度中に完工した。

近代道路

明治三（一八七〇）年中、ブラントンの計画により、中央大通りにマカダム式舗装が施された。また車道と歩道を区別し、両者の間の溝には各所に雨水桝を設け、地下の陶管下水道に接続した。歩道と建物の間には植樹帯が設けられた。これが日本最初の近代的な道路とされている。

外国側は「横浜居留地覚書」で獲得した日本人市街の海岸一帯での外国人の借地権を断念したことの代償として、居留地を一周する環状道路の一環とすべく、波止場からフランス公使館にかけての海岸に、馬車の通れる直線道路を建設すること、フランス公使館前から吉田橋にかけても同様の道路を建設すべきこと、さらに吉田橋から派大岡川に沿って西の橋までの道路の建設を要求し、慶応約書に盛り込んだ。商業活動を活発にするとともに、居留民に運動や保養の便宜を与えるためであった。このうち、フランス公使館前から吉田橋にかけての道路は、太田屋新田西部地区の埋立工事の一環として幕府により造成された。これが現在の馬車道である。

横浜公園——内外人民の公園

慶応約書の第一条により、遊郭跡地に外国人と日本人が「彼我にて用ふへき公けの遊園」(Public Garden)を設けることになった。ブラントンの計画では公園の北側半分にクリケット・グラウンドを設ける予定だったが、イギリス人しかしないクリケットのために場所を取り過ぎているというアメリカ公使の抗議で予定を変更したため工事が遅れ、明治九(一八七六)年二月から利用できるようになった。当時まだ南北戦争の余波が収まらず、アメリカとイギリスは犬猿の仲だった。その煽りを受けたのだった。その間に山手公園に先を越されてしまった。したがって、横浜公園内の碑文に「我国最古の公園」と記されているのは誤り。なお、この公園はブラントンの計画を基に日本側が造成した和洋折衷の公園であった。

この公園は日本人と外国人がともに利用する「内外人民の公園」であったから、慶応約書の第一条により、維持費は日本側と領事団が協議して捻出すべきこととされていた。そこで神奈川県は維持費の半額を外国側が負担するよう領事団に申し入れた。領事団の間では実際に公園を利用している横浜クリケット・クラブ（ＹＣＣ、弄鞠《ろうきゅう》会）に負担させるという案が浮上したらしい。明治九年五月、領事団から委任されたイギリス公使パークスが外務省に申し入れを行い、その結果ようやく話し合いが進んだ。十一年六月、慶応約書第一条のうち維持費に関する条項を破棄し、クラブがクリケット・グラウンドを有料で借り受け、その使用料を維持費に当てることになった。それまで無料で利用していたクラブにとっては負担が生じたが、使用の権利が正式に認められたとも言える。

ところでこの公園の正式名称は何だろうか。行政内部では「横浜彼我《ひが》公園」が正式名称だったように見受けられるけれども、一般化しなかった。計画段階では「横浜新埋立地内公園」も多く、「横浜新埋立地内彼我公園」という丁寧すぎる言い方もあった。それではあまりにも面倒なので、明治五年頃から「横浜公園」が現れ、やがてこれが一般化していった。

明治十七年、スポーツ団体の大合同が行われた。ＹＣＣにＹＡＡＡ（横浜アマチュア・アスレチック・アソシエーション、競力会）と横浜ベース・ボール・クラブ（ＹＢＢＣ、闘鞠会）、横浜フット・ボール・アソシエーション（ＹＦＢＡ、蹴鞠会）が統合され、新たに横浜クリケット＆アスレチック・クラブ（ＹＣ＆ＡＣ、弄鞠競力会）が組織された。これにともなってグラウンドの拡張と新しいパヴィリオンの建設が行われ、また日本政府から改めてＹＣ＆ＡＣに特別貸渡券証が交付された。

明治三十二年、改正新条約が実施されて、居留地が廃止されたのにともない、横浜公園の管理が神奈川県から横浜市に移管された。市民の間にはグラウンドを含め、公園全体を移管すべきだという声もあったが、政府は急激な変化を避け、グラウンドの管理方法は変えなかった。四十二年になってやっとグラウンドの管理も横浜市に移管された。そこで県知事がYC&ACにグラウンドの使用契約を更新しないことを伝えたので、YC&ACは大正元（一九一二）年、根岸の高台（現在中区矢口台）に移転し、名称も横浜カントリー&アスレチック・クラブに変更した。横浜市は宮内省技師茂出木《もでぎ》朝二郎に設計を依頼して横浜公園を整備した。

山手公園——最初の洋式公園

慶応約書の第一〇条では、申請があれば山手に外国人用の公園用地を用意し、一〇〇坪当たり六ドルで貸与することが約束されていた。一八六九年になって、領事団を通じて居留民代表からの申請があり、北方村の妙香寺境内の土地を割いて山手二三〇番地とし、公園用地とした。外国側ではW・H・スミスらがパブリック・ガーデン委員会を組織して資金を集め、翌一八七〇年六月四日、開園にこぎつけた。スミスらは維持費捻出のためにフラワー・ショーやドッグ・ショーを開催したが、それではとうてい追いつかなかった。公園の維持にもっとも熱心だったスミスが横浜を去ると、もうお手上げになってしまった。

明治九（一八七六）年、神奈川県から領事団に対して借地料の滞納額六年分の納入を催促したところ、領事団には集金の権限がなく、外国では公益のための土地は無税が普通だという。国家間の取り決めである慶応約書で地代の額まで決めておきながら、滞納したら「無税が当然」とは厚顔無恥と言う他ない。

二つの偶然が重なって山手公園のその後の運命が定まった。一つはイギリスからテニスが伝わったことで、横浜でもさっそくレディズ・ローン・テニス&クロッケー・クラブ（LLT&CC、婦女弄鞠社）が組織され、山手公園がそのために利用されるようになった。もう一つは横浜公園でも維持費の捻出を巡って同じような問題が起きていたことである。そこで山手公園についてもイギリス公使パークスの斡旋により、慶応約書第一〇条のうち借地料に関する条項を破棄し、土地を日本政府に一旦返したうえで、地代を値下げし、公園の維持管理に責任を持つことを条件に、LLT&CCに貸与することになった。これを受けて、明治十一年七月一日、LLT&CCに土地の貸渡券証が交付された。

山手公園は日本最初の洋式公園として、平成十六（二〇〇四）年、国の名勝に指定された。園内には「日本最初の洋式公園」の碑が建っている。

京浜間蒸気船

明治元年十一月十九日（一八六九年一月一日）から、外国人に東京での商取引を認める「開市」が実施され、築地が外国貿易のために開放されることになった。幕府は宿場を保護するため船による旅客輸送を禁止していたが、開市に備え、慶応三（一八六七）年十一月一日、「江戸と横浜の間引船荷物運送船並に外国人乗合船を設くる規則」を制定して禁止を解いた。これを受けて蒸気船による京浜間の旅客輸送が始まる。もっとも早いのは稲川丸で、明治元年二月九日、江戸の永代橋と神奈川・横浜間に、江戸池之端の伊藤次兵衛と小網町の松坂屋弥兵衛が就航させた。

稲川丸に続いて、多くの内外人が京浜間に蒸気船を就航させた。東京開市から明治五年の鉄道開通までがピークだった。日本人経営のものでは横浜の船主による弘明丸、東京の船主によるホタルなど。外国人経営のものではホイト兄弟商会のカナガワとシティ・オブ・エド、J・アルマンドのオーヘン丸とキンサツ丸などである。

もう一つの馬車道——京浜間乗合馬車

明治元（一八六八）年以降、吉田橋東側の派大岡川の一部が埋め立てられた（現在の中区港町三、四丁目辺り）。翌二年の正月には高島嘉右衛門らが入船町地先海面の埋め立てを始め、数

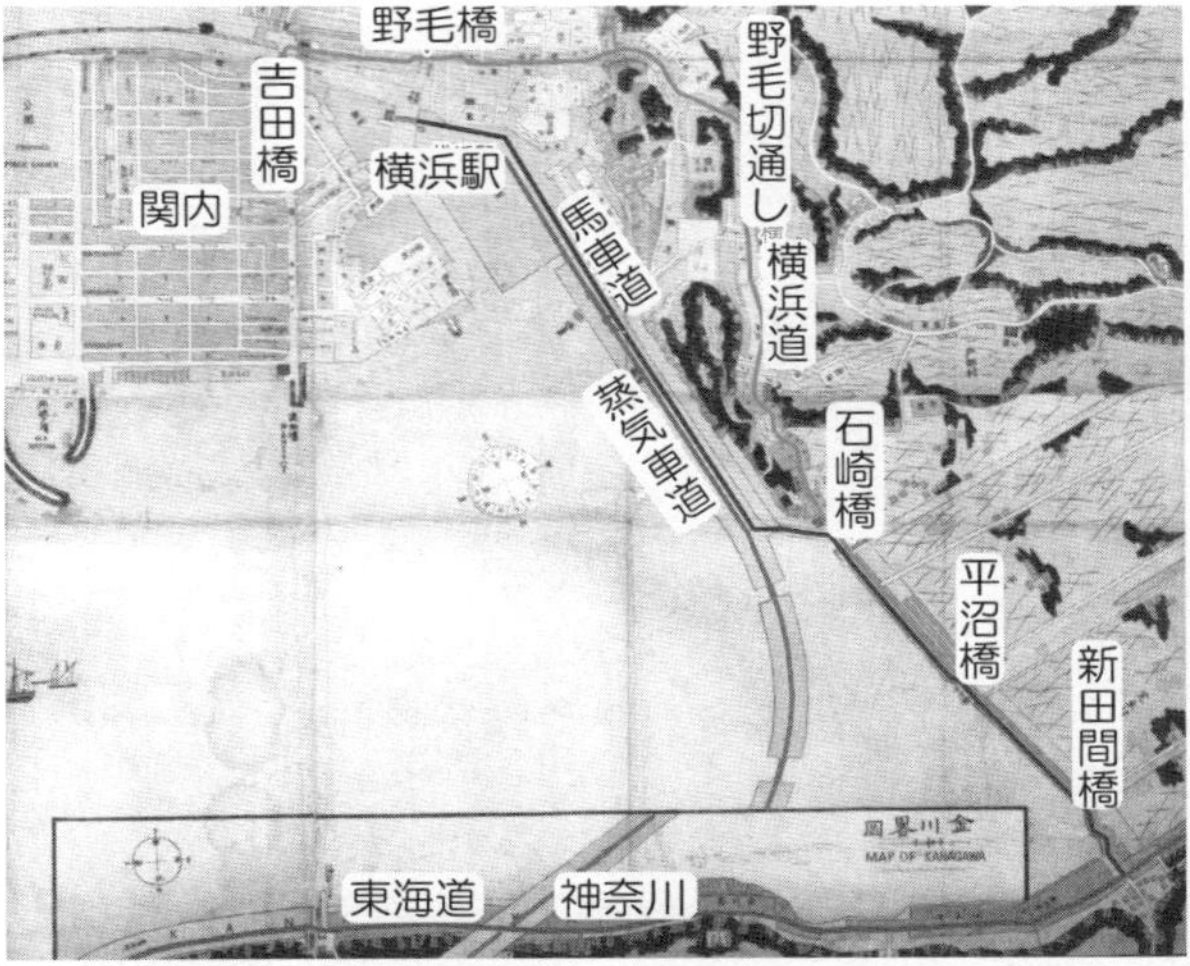

神奈川・横浜間交通略図　作図。ベースの地図は「新鐫横浜全図」（明治３年＜1870＞）の一部。

か月で完成させた（現在の中区尾上、常盤両町の五、六丁目辺り）。さらに三月以降、大岡川河口の野毛地先から石崎橋までの海面が帯状に埋め立てられ、四月には洲干弁天社が吉田新田の埋め立て地に移転、神奈川まで馬車で行ける平坦な道が整備され、馬車道と呼ばれるようになった。

　こうした陸上交通路の整備を見越して、明治二年二月下旬に発行された『万国新聞』には、ランガン商会とゴールデン・ゲート・リヴァリー・ステーブルの二社が、横浜と東京築地の間に乗合馬車を運行する旨の広告を出している。前者は赤地に黒い馬の絵、後者は赤地に白い馬の絵を描いた旗を掲げて競い合った。

日本人もチャンスを逃さなかった。明治二年二月に植木屋与七や写真家の下岡蓮杖《れんじょう》ら八名、三月には中山譲治が京浜間乗合馬車の営業を出願した。神奈川県は共同事業とすることを条件に許可したので、彼らは成駒屋という馬車会社を設立し、五月から営業を開始した。

成駒屋の営業所は吉田橋際にあった。東京側の発着所は日本橋に設ける予定で、東京府に出願したところ、日本橋界隈は繁華な場所なので不許可、南小田原町から銀座・新橋を経て品川に至る経路に限定すべきだと言われてしまった。南小田原町というのは外国人居留地があった築地のホテル館門前を指すと思われるので、外国人の馬車営業者と同じ経路のみ許可されたのだろう。そこで日本橋を諦めて、許可された道筋に当たる新橋に発着所が設けられた。東京府の不許可通知書には、馬車営業に関する明治二年四月の東京府の規則書が添付されており、馬車がすれちがう時には左に寄るべきことなどが定められている。

京浜間に電信が開通

明治元（一八六八）年九月、寺島宗則が東京・横浜間の電信架設を建議したのも、東京開市に備えたものであり、この事業も寺島とブラントンのコンビで行われた。事業はブラントンの指導のもと、横浜を拠点に全国で灯台建設に当たっていた灯明台役所が担当することとなり、ブラントンを通じて、スコットランドの鉄道会社で電信技師をしていたギルバートが招かれた。

二年八月二日、ギルバートが来日し、一週間後の九日には早くも神奈川県庁と灯明台役所の間に架設された電信線を用いて官用通信が行われた。九月十九日には神奈川県庁構内に電信機役所が設けられた。この日を陽暦に直した十月二十三日が電信電話記念日とされている。

その後、神奈川への馬車道を利用して東海道まで電信線を架設、十二月上旬には東京築地の運上所内の電信機役所まで架設を完了し、六日に試験通信成功、二十五日から公衆電報を受け付けた。この日が電報取扱の最初とされている。横浜法務合同庁舎（中区日本大通九番地）にこれを記念する「電信創業の地」の碑が設置されている。

京浜間に鉄道が開通

ブラントンは港湾や上水道の整備などの献策も行っている。明治二（一八六九）年三月十日には国営で鉄道を建設すべきだとする意見書を提出した。これを受けて政府の手で鉄道建設計画が浮上する。翌年にスタートした京浜間鉄道の建設は、誕生したばかりの明治政府が手がけた大事業の一つだった。

鉄道建設のために、鉄道用地の造成が課題となった。その中心となったのは高島嘉右衛門であった。高島は三年五月、馬車道が造成されていた石崎橋地先より、神奈川青木町海岸までの海面埋め立てを請け負い、突貫工事で四年二月に完成させて、その地に高島町の名を残した。

高島と組んで活躍したアメリカ人建築家にブリジェンスがいる。二人はすでに灯明台役所の施設の建設にも関わっていたが、鉄道建設に際して、ブリジェンスは新橋駅舎と横浜駅舎を同じデザインで設計し、後者は四年九月に完成、我国最初の鉄道駅舎となった。五年五月に横浜・品川間で仮営業を開始、九月十二日、横浜・新橋間が全線開通し、明治天皇が出席して盛大な開業式が行われた。当日、市街は一五万張の提灯で飾られ、五千人の見物客で賑わったという。この日を陽暦に換算した十月十四日が鉄道記念日となっている。

街にガス灯が点る

歴史の転換期には超人が現れるらしい。明治初期の横浜にとって、高島嘉右衛門はまさに超人だった。蒸気車道（鉄道用地）の造成と並行して、横浜ガス会社を設立し、ガス事業を興したのである。明治三（一八七〇）年、上海からフランス人技師プレグランを招き、伊勢山下の石炭蔵跡（現在の中区花咲町、本町小学校辺り）に工場建設を進めた。当初九名いた共同出資者はつぎつぎと脱落し、四年二月以降は高島の単独事業となってしまった。外国人居留地での敷設権をめぐるドイツ系シュルツ・ライス商会との競争もあったが、それにも打ち勝ち、五年九月に完成、鉄道開業式の興奮も冷めやらぬ二十九日、大江橋から馬車道、本町通りにかけてガス灯が点った。四年中に大阪造幣局の工場内と近隣の街路でガス灯が点されているので、タッチの差で日本最初とは言えないが、規模の大きい民間のガス事業としてはこれが最初であった。横浜ガス会社は明治八年町会所に譲渡され、のち横浜市瓦斯局となった。

高島は明治四年末、殖産興業のためには人材育成が大事だと考え、ガス会社敷地内に横浜市学校（通称高島学校）を設立している。まさに八面六臂の活躍振りであった。少し時代は下るが、二十二年十一月に設立された横浜共同電灯会社の社長にも選ばれている。翌二十三年、横浜共同電灯会社は常盤町一丁目に火力発電所を建設し、十月一日から送電を開始、東京・神戸に次いで三番目だった。

本町小学校前の記念のガス灯　横浜市営地下鉄桜木町駅南1番出口より徒歩5分、花咲町3丁目86番地。

近代水道

蒸気車道にはもう一本のラインが引かれた。上水道である。高島はじめ茂木惣兵衛や原善三郎らの有力商人が横浜水道会社を興し、明治四（一八七一）年起工、蒸気車道沿いに木樋《もくひ》を埋設し、多摩川を水源とする二ヶ領用水に接続、六年十二月に竣工した。横浜上水は竣工以来経営難で、ガス会社同様町会所に引き継がれ、さらに県に移管された。横浜上水は良質だったが、いくつかの欠点を持っていた。木樋のため老朽化が早く、漏水や土砂の混入があった。水圧が弱く、関内の日本人市街までしか給水されなかった。外国人居留地や人口急増にも関わらず住環境の劣悪な関外地区は横浜上水の恩恵を被っていなかった。

明治十年代、コレラが大流行し、上水道の改良が緊急課題となった。明治十五年に開催された条約改正予議会でも、イギリス公使パークスが居留民の意向を代弁して、横浜の上水道整備を要求した。この年十二月、イギリス人技師パーマーが日本に立ち寄った際、パークスや井上馨外務卿らの依頼により、相模川上流三井《みい》からの取水を内容とする横浜水道計画を立案した。政府は条約改正を有利に進めるためにも、水道の整備を政府の事業として行うことを決定、パーマーに工事監督を依頼し、十八年四月着工、二十年十月十七日、配水が開始された。この日が近代水道創設の記念日とされている。

明治二十三年に制定された水道条例により、水道事業は横浜市に移管された。横浜市は急激な人口増加による水不足に対応するために改良計画を策定、水源を相模川の支流、道志川の青山に変更することとし、三十年十月、青山から取水を開始した。三十一年からは本格的な第一回拡張工事が行われ、山手居留地への給水や野毛山の濾過池・貯水池の増設などが行われた。

第五話　西洋的都市文化の始まり

一川芳員「北亜墨利加合衆国」　文久元年（1861）10月
横浜市中央図書館所蔵

横浜ホテルの誕生

一八六〇年二月二十四日、横浜ホテルがオープンした。経営者はオランダ帆船ナッソウ号の元船長フフナーゲル、上海で出ていた英語の新聞『ノース・チャイナ・ヘラルド』の三月十日号に開業広告が出ており、そのなかで「公衆の長い間の渇望に応えた」と誇らしげに述べている。開港直後、外国人の住環境は劣悪だった。外国公使団が神奈川開港を主張して横浜開港に反対していたため、横浜で仮住まいを余儀なくされていたからである。新たに来日した人は誰かの家に同居するほかなかった。ホテルの開設が渇望されていたのはそのためだった。

ナッソウ号はイギリス系巨大商社、デント商会にチャーターされて横浜に来航、一八五九年中に売却されて以降、所有者を転々としながら、貯蔵船として利用されていた。フフナーゲルはナッソウ号を横浜で売却し、おそらく船員とともに上陸して、ホテルを開業したのだと思う。その経営には元船員たちも参加したことだろう。横浜ホテルが日本人から船の名前で「ナッシヨウ住家」と呼ばれていたのはそのためではないだろうか。遠洋航海に従事する船は、ホテルと同じように、生活のために必要な機能をひととおり備えており、それぞれの職能に長じた乗組員たちを動員すれば、ホテルの経営にはうってつけだったことだろう。

横浜ホテルが注目された理由の一つは、英公使オールコックを始め、シーボルト父子、亡命中のロシアの革命家バクーニン、画家のハイネやワーグマンら、多彩な人物が投宿したことである。一八六六年末の大火で焼失し、再建されなかったので、短命ではあったが、多士済々の人物が行き交う場として、開港直後の横浜にユニークな足跡を残した。

続々ホテルが誕生

横浜ホテルに続き、ホテルの開設が相次いだ。一八六二年七月には、横浜ホテルでバーを預かっていたジャマイカ生まれで英国籍の黒人、通称マコーリー男爵が八六番地でロイヤル・ブリティッシュ・ホテルを創業。一八六四年、船員上がりのカーティスがそれを買収し、コマーシャル・ホテルと改称した。カーティスは一八六八年、新たに一八番地でインターナショナル・ホテルを開いた。一八六三年十一月頃、横浜ホテルの隣の七一番地でアングロ・サクソン・ホテルを開業したジョン・トーマスは、リームーン号の元ステュワードだった。幕末にホテルを開設した人には元船乗りが多い。船上での経験を生かして陸に上がったのだろう。

クラブ

社交クラブができたのも早い。一八六一年にはすでに英軍将校たちの陸海軍人クラブが存在したが、実態はよくわからない。商人中心の横浜クラブができたのも早く、一八六二年夏頃には九八番地にクラブ・ハウスを持っていた。翌一八六三年末頃、イギリス海兵隊軽騎兵隊のW・

H・スミス中尉を中心に、軍人と領事館員などの公務員を主体とするユナイテッド・サービス・クラブが組織され、六六番地にクラブ・ハウスを設けた。

一八六四年十二月十五日、ユナイテッド・サービス・クラブから出火、全焼してしまった。翌一八六五年中、八三番地で再建されるが、その頃、横浜クラブと統合されて、横浜ユナイテッド・クラブに名称が変わった。八三番地は仮住まいであり、一八六六年の夏頃、海岸通り五番地の新しい建物に移転した。横浜ユナイテッド・クラブの支配人は、ユナイテッド・サービス・クラブ以来のスミスだった。明治十七（一八八四）年、建物（五番地B）をクラブ・ホテルに譲り、隣の元オランダ貿易会社の建物（五番地A）に移った。三十三年には、建築家コンドルの設計になる新しい建物（四番地）に移転した。

居留地にはジャーマン・クラブも存在した。ドイツ名をクルプ・ゲルマニアという。一八六三年十二月二十二日、一六一番地に設立された。初代会長はオール。一八六九年四月、二三五番地に新築移転し、ここに定着した。ドイツ人だけではなく、他の国籍の居留民も会員になることができた。日本人のクラブは明治五年十月十五日に発足した横浜勝読会社がもっとも早い。県庁の高官と有力商人によって組織されたものであった。

フリーメーソン

横浜ユナイテッド・クラブやジャーマン・クラブが開放的だったのに対して、閉鎖的なクラブにフリーメーソンがあった。結社の目的は相互扶助と慈善であり、社会的な役割としては現在のロータリー・クラブやライオンズ・クラブと変わりはない。

日本で最初のフリーメーソンの支部は、一八六四年から一八六六年にかけて、横浜に駐屯していたイギリス陸軍第二〇連隊に存在した「スフィンクス・ロッジ」だが、これは軍隊とともに移動する支部であった。居留民による最初の支部「横浜ロッジ」は、ジャーナリストのJ・R・ブラックらによって、一八六六年六月二十六日に結成された。一八六九年には一七〇番地にウィットフィールド&ドーソンの建設した専用の集会所（メソニック・ホール）が完成する。横浜には他に「お天道様ロッジ」や「極東ロッジ」、「東の星ロッジ」などができた。一八九〇年、イギリス人建築家ダイアックの設計になる新メソニック・ホールが六一番地に竣工した。

メソニック・ホール　フリーメーソンの集会所。入口にドリス式列柱（柱頭に装飾がない）を配した重厚な石造建築。横浜美術館所蔵

フリーメーソンは非公開が原則だが、役員名簿などは公表されており、秘密結社だったわけではない。しかし、明治三十二（一八九九）年、改正新条約が発効し、領事裁判制度が廃止されて、居留外国人にも日本の法律が容赦なく適用されることになると、集会及政社法の適用を恐れて、役員名簿も公表しなくなった。その結果、非合法の存在と見なされるようになり、太平洋戦争が始まると、集会及政社法の後身である治安警察法に違反するとして弾圧の対象となった。時を同じくして、フリーメーソンを陰謀団体とするデマが流された。このデマは現在も払拭されたとは言い切れない。

グランド・ホテルとクラブ・ホテル

長らく横浜のホテル界に君臨したのは、明治に入って居留地に誕生した二つのホテルだった。その一つのグランド・ホテルは、明治三（一八七〇）年夏、写真家ベアトら数人が共同で所有する建物を、長崎でベルヴュー・ホテルを経営していたグリーン夫人が賃借して開業した。六年に全面改築、二十二年には新館を増築し、関東大震災で倒壊するまで、横浜を代表するホテルだった。

もう一つのクラブ・ホテルは、明治十七年正月、横浜ユナイテッド・クラブの給仕長ハーンと料理人ベギューが、クラブの建物を賃借して営業を始めた。明治四十二年十二月二十六日朝焼失、一旦再建されたが、大正六（一九一七）年に廃業した。震災後設立されたクラブ・ホテルは、旧クラブ・ホテルの盛名にあやかったものだが、経営的には別のホテルで、昭和五（一九三〇）年まで続いた。同じく震災後に設立されたホテルニューグランドも旧グランド・ホテルの盛名にあやかったもの、こちらは今も健在である。

バーとビア・ホール

横浜ホテルの開業当初、宿泊客にもっとも人気があったのは酒場だった。いわゆる「大シーボルト」の長男、アレクサンダー・シーボルトによると、ホテルでの「おもなる生活」は、通称マコーリー男爵がボーイを務める酒場に集中していた。ここには雑多な仲間が集まって、夜になると大時計を的に短銃の射撃練習をして楽しんでいた。それでも時計は規則的に動いていたというから、宿泊客たちの射撃の腕の程が知られる。

船員相手の一杯飲屋も早くからあった。運上所裏手のアメリカ人ショイヤーの家は、一八六二年頃から居酒屋の亭主に又貸しされていた。その数は最盛時の一八六五年にはポルトガル、フランス、イギリス、アメリカ、オランダ各国の計一四人に及んだ。そこでは船員たちが酒に酔って、「説明に絶する混乱と騒ぎがみられた」と伝えられている。

横浜最初のビア・ホールは、ドイツ人パトウが居留地九九番地に開いたビア&コンサート・

ホールで、一八六五年五月一日にオープンした。軍艦ではラムやワインは飲めたが、ビールはなかったので、上陸した水兵は「ビールへ走った」という。

ビア・ホールをヒントに日本人が考え出したおもしろい商売にミルク・ホールがある。その第一号は明治三十五（一九〇二）年正月元旦に平石左源次が常盤町で開設したもの。これが大当たりで、尾上町・羽衣町・戸部町・長者町・山下町に支店を出した。まねる人も多く、たちまち三〇数店に達し、平石を組長とする組合が結成されたという。

ビリヤード・ルームとボウリング場

横浜ホテルの中で、酒場と並んで人気があったのはビリヤード・ルームだった。一八六二年七月にオープンしたロイヤル・ブリティッシュ・ホテルにも、十月に開設された別棟にビリヤード・ルームとボウリング場が設けられた。ボウリング場は横浜ではこれが最初、全国では長崎に次いで二番目。

横浜ホテルには少なくとも一八六三年九月にはボウリング場が付設されていた。横浜ホテルは翌年二月、経営者がキャリエ商会に変わり、新装開店するが、その際もビリヤード・ルームとボウリング場をセールス・ポイントにしている。一八六三年末頃、六六番地に設立されたユナイテッド・サービス・クラブにもボウリング場が付設され、十二月一日にオープンした。

レストラン

現在の本町通りと大桟橋通りが交差する辺りに、かつては駒形町と呼ばれるエリアがあり、外国人用の貸長屋があった。一八六〇年初頭、外国代表団が横浜に居留地を設けることに同意した直後、その界隈に小さな商店街ができた。現在の山下町七〇番地には、二月二十四日に横浜ホテルがオープンした。それには居留民待望のレストランが付設されていた。現在のみなとみらい線日本大通り駅3番出口の辺りでは、ショイヤーが競売屋を開業した。のちにその建物が居酒屋の亭主に又貸しされたことはすでに述べた。その隣にはルマベ商会というフランス人の食料品店ができた。その隣の現在横浜都市発展記念館のあるところには、ジョン・トーマスがレストランを開いた。しかし、このレストランは開業時期も実態もよくわからない。

一八六二年中、居留地の六六番地に大きな平屋建ての建物ができて、そこにはロシア人のポロウスキーが経営するレストランがあったという。しかし、これも開業時期がはっきりしない。一八六二年十二月一日、アメリカ人ジョージが四九番地でゴールデン・ゲート・レストランを開業した。日本語にすれば「金門飯店」といったところ。開業時期が明確で独立した店舗としては記録上これがもっとも早い。

居留地には中国人の料理人も多かったが、独立営業者ではなく、欧米商人の使用人だったので、かれらが調理したのは西洋料理であったろう。横浜にやってくる中国人の数はどんどん増え、慶応年間には、現在の中華街東門（朝陽門）辺りに中国人街が形成された。それにともなってチャイニーズ・レストランも登場する。記録に残っているものでは、一八七〇年に営業していたことを確認できるウォン・チャラーとアー・ルンがもっとも早い。また、中国人街の一三五番地には会芳楼という中国劇場があり、それは「南京御料理所」を兼ねていた。

日本人経営の洋食店も現れる。もっとも早いのは崎陽亭利助であり、明治二（一八六九）年二月頃には存在していた。わずかに遅れて、同年八月、大野谷蔵が「西洋割烹」を開業した。四年には開陽亭と味洋亭もオープンした。これらの多くは慶応二年末の大火後に開発された太田屋新田西部地区、とくに馬車道周辺で営業していた。

洋菓子店

一八六三年十月二十四日、「プロヴァンスの三兄弟」というレストランが開業した。翌年初頭、横浜ホテルが新装開店すると、ホテル内に移って、洋菓子専門店になった。

フランスのプロヴァンス地方出身のジャン・アルチュール、マチゥ・ウジェンヌ、サミュエル、ジュール・ダニエルの四人の兄弟が、明治八（一八七五）年から三十二年にかけて、入れ替わり立ち替わり来日して経営したペィル兄弟洋菓子店もあった。いわば「プロヴァンスの四兄弟」だが、幕末に存在した「プロヴァンスの三兄弟」とは全く関係ない。

明治二年、オテル・デ・コロニー（一六四番地）内に「お菓子の城」というレストランを開いたボナもフランス人。四年にはインターナショナル・ホテルの共同経営者となり、このホテル内にも「お菓子の城」を開いた。一年後に八四番地でオリエンタル・ホテルを開業、十一年にグランド・ホテルを買収するまで経営を続けた。ペィル兄弟の三男サミュエルはオリエンタル・ホテルで働いていたことがある。宮内省内膳司の松岡立男が西洋料理を学んだ「ボナン方」とはオリエンタル・ホテルのことである。東京麹町で村上開新堂を開業し、シュークリームで評判を取った村上光保もオリエンタル・ホテルでサミュエル・ペィルから洋菓子製造を習ったらしい。

喫茶店

石井研堂の著作『明治事物起源』によると、明治二十一（一八八八）年、東京下谷に中国人の鄭永慶が開いた可否茶館がコーヒー店の元祖だという。もちろん横浜ではもっとずっと早かった。一八六二年七月にオープンしたロイヤル・ブリティッシュ・ホテルにはコーヒー・ルームが付属していた。

一八六四年三月には、「カフェ」を名乗る独立の店として、ルノーというフランス人の経営するカフェ・デュ・アリエが開業した。同年中さらにグラン・カフェ・デュ・ジャポンとヴィクトリア・コーヒー・ハウスが開店している。

テイラー

上海や香港には早い時期から洋裁技術を身につけた中国人がおり、鋏を使う洋裁業は包丁のコック、剃刀の理髪業とともに「三把刀《さんばとう》」と呼ばれて、華僑の代表的な職業となった。西洋人雑貨商の中にはそうした中国人をともなって来日し、洋服を販売するだけではなく、仕立てにも応ずる人がいた。そのような中国人の一人として、オランダ人P・J・バッテケとともに来日した源陸春の名が伝わっている。

やがて専門のテイラーも出現する。ドイツ系のラダージ・オエルケ商会がもっとも早い。横浜店の開業は一八六三年十二月六日、ハンブルクに本店、香港と上海に支店があった。店の場所は最初四一番地にあったが、翌一八六四年八月、横浜ホテル内に移った。他にいずれもドイツ系のロトムント・ウィルマン商会、ローマン商会などの存在が知られている。

一八六四年四月には、「英国式テイラー」を自認する中国人コック・アイが開業した。店主の名を譚有発、中国名を均昌洋服店という。開業場所は現在の中華街大通り中ほどに当たる一四七番地、その後八〇番地に移って大正七（一九一八）年頃まで存続し、同業者中の最長記録を誇った。

ドレスメーカー

初期の居留地社会では圧倒的に男性の方が多かったが、意外にもテイラーより先にドレスメーカーが開業している。上海にサムエル・クリフトンという衣料商がおり、夫人は帽子製作業を営んでいた。一八六三年十一月七日、クリフトン横浜店の支配人として、ピアソン夫人が帽子製作、服飾品・衣料品販売の店を開いた。しかし、これは時期尚早だったようだ。同年九月四日にオランダ領事館で開かれた夜会では、男性一六〇人に対して女性はわずか一〇人だった。そのような状況では女性専門店の経営は成り立たなかっただろう。クリフトン横浜店は一八六六年四月に倒産し、在庫品や備品が競売にかけられた。

日本洋裁業発祥顕彰碑　みなとみらい線元町・中華街駅３番出口すぐ、山下町 84 番地メトロタワー山下町前。

しかし、その間に状況は変わっていた。変化をもたらしたのは、イギリス軍将兵の妻子の来住だった。一八六五年九月以降、多くの女性が兵士とともに横浜で生活した。その需要に応じるためだろう、同年十二月にブラウネル夫人とミス・ステーブルズが帽子製作とともにドレスメーカーの看板を掲げて共同で開業した。クリフトン横浜店を預かっていたピアソン夫人も一〇八番地で独立し、慶応三（一八六七）年五月下旬に衣服や書物・文房具の販売広告を出している。本町通りに面する山下町八四番地には、これらを記念する日本洋裁業発祥顕彰碑が建っている。

日本人洋裁業者

日本人の洋裁業者が現れるのも早かったが、開業の時期があいまいで、誰が最初なのかよくわからない。保土ヶ谷出身の増田文吉はP・J・バッテケに雇用され、源陸春のもとで技術習得の後独立したという。神奈川の足袋職人だった沢野辰五郎はアメリカ人宣教師ブラウンの夫人に雇用され、夫人から技術を学んで、「店も張らねば弟子も取らず、全く一本立ち」の洋服屋になったという。

増田文吉や沢野辰五郎との前後関係は不明だが、大谷金次郎の名も伝わる。文久三(一八六三)年、西洋人のもとで修業を始め、明治元（一八六八）年四月に西洋服裁縫店大和屋を創業した。四年、東京芝口に進出、十三年にはフランスに渡り、パリのブーシェー紳士服店で修業した。

明治三年には横浜の「二大洋服舗」と称された関屋と森田屋が開業した。江戸出身の関清吉は慶応元年、ラダージ・オエルケ商会に入社、洋裁技術を学び、馬車道で開業、のち太田町に移り、関屋と称した。生糸商から洋裁業に転じた甲州出身の小谷国松は、弁天通りに森田屋を開いた。明治初年、ローマン商会で技術を学び、数年後に独立した竹本梅吉の名も伝わっている。

製靴業

洋装に欠かせない靴の製造を始めたのはオランダ人のレマルシャンであった。一八六五年四月十八日、居留地四一番地で開業した。レマルシャンは明治三（一八七〇）年から高知藩に、五年からは西村勝三に雇用され、西村が東京の入船町で経営する伊勢勝製靴工場で教習にあたった。六年、磯村寿《すて》と結婚して日本に帰化し、八年に芝田村町で開店、十五年には銀座尾張町二丁目にレマルシャン製靴所を新築し、政府高官や上流階級の婦人の靴を作って繁盛したという。子息の磯村半次郎も靴作りの名人として知られた。

西村は明治三年に製革工場を設け、靴の材料となる革の製造を始めたが、五年頃、ドイツ人の「製革業者ボスケ」を技師として招いたという。「ボスケ」とはルボスキーのことである。ルボスキーはその後、小港屠牛場の近くにあったクニフラー商会の製革工場で働き、十三年から東京の佃島監獄内の製革場で収容者に製革技術を教えた。

西洋劇場

居留地に劇場ができる前には、ホテルやクラブがその代わりの役割を果たしていた。一八六三年九月二十六日、横浜ホテルで病院基金募集のためのアマチュア音楽会が開かれた。十月には同じく横浜ホテルでワシントン・D・シモンズが奇術の興行をしている。プロの手品師の来日第一号である。同じ頃、ユナイテッド・サービス・クラブに劇場を付設する工事が行われ、十二月一日、新しい施設のお披露目のために、アマチュア劇団の公演が行われた。

一八六四年三月、曲芸で名高いリズレーが曲馬団を率いて来日、五月まで興行した。サーカス団の日本興行第一号である。リズレーはそのまま住みつき、十一月にアンフィシアター（円形劇場）を開設、翌年ロイヤル・オリンピック劇場と改称する。劇場と銘打った独立の施設としてはこれが最初である。リズレーは一八六六年、足芸の浜碇定吉らを引き連れて欧米巡業に出発、劇場がその後どうなったかは定かでない。

中国人のコミュニティの中心の一つだった会芳楼（一三五番地）は料理屋と劇場を兼ねていた。その起源ははっきりしないが、一八七〇年にはすでに存在しており、欧米人のアマチュア劇団もここを利用していた。大正七（一九一八）年、九七番地に同志劇場が建てられたが、これは会芳楼の後身と考えられている。関東大震災で被災後、跡地に和親劇場が建設された。

有名なゲーテ座の開業は一八七〇年十二月六日、オランダ人のM・J・B・ノールトフーク

＝ヘフトが六八番地に設立した。「ゲーテ座」という呼び名は英語のゲイエティ・シアター（The Gaiety Theatre）が訛ったもので、Gaiety は陽気とか快活を意味する。今も名高いダブリン（アイルランドの首都）のゲイエティ・シアターの開設より一年早い。明治五（一八七二）年末に名称がパブリック・ホールに変わる。そのうち手狭になり、より大きな劇場を建設しようという運動が起きた。フランス人建築家サルダの設計になる新しい劇場が完成したのは明治十八年春、場所は山手居留地二五六〜七番地だった。四十一年、名称がゲーテ座に戻った。

ゲーテ座は外国人のための劇場だったが、坪内逍遥・北村透谷・小山内薫らが観劇に訪れ、西洋演劇を学んだ。しかし、関東大震災で倒壊したまま再建されず、その存在は忘れられてしまった。昭和五十五（一九八〇）年、学校法人岩崎学園が服飾関係の資料を展示する岩崎博物館を設立した際、その敷地の一部がゲーテ座の跡地にまたがっていたことから、地下一階に設けられたホールは山手ゲーテ座と名付けられた。博物館の手前左手角に「ゲーテ座跡」の案内板が立っている。

新聞

貿易は遠く隔たる世界各地の間を結ぶ。そのために欠かせないのが情報であり、開港場では早くからさまざまな新聞が発行された。横浜最初の本格的な新聞は、イギリス人ハンサードが一八六一年十一月二十三日に創刊した『ジャパン・ヘラルド』。ハンサードは六月二十二日、長崎で日本最初の週二回刊の新聞『ナガサキ・シッピング・リスト&アドヴァタイザー』を創刊したが、貿易港として重要性を増しつつあり、情報伝達基地となりつつあった横浜に移った。一八六三年十月二十六日からは、広告を主体とする日刊朝刊紙『デイリー・ジャパン・ヘラルド』を創刊した。これが日本最初の日刊新聞。

横浜での新聞の起源については一つの謎がある。アメリカ人ショイヤーが木版一枚刷りの「横浜最初の新聞」を発行したという外国人居留民の証言があるからである。しかし、いろいろ調べてみると、それは一八六二年五月二十四日に創刊されたと推測されるので、『ジャパン・ヘラルド』より早いとは言えない。

日本語の新聞も登場する。慶応元(一八六五)年、ジョセフ・ヒコが木版和綴本の『新聞誌』を創刊、その後『海外新聞』と改題し、定期的に刊行するようになった。イギリスの郵便船がもたらすニュースを翻訳・編集したものである。山下町一四一番地(中華街の関帝廟近く)に、これを記念した「日本国新聞発祥之地」の記念碑がある。明治三年十二月八日(一八七一年一月二十八日)には、横浜活版社から日本最初の日刊日本語新聞『横浜毎日新聞』が創刊された。最初は木活字だったが、まもなく鉛活字を使用し、洋紙両面刷りの画期的なものであった。横浜アイランドタワー(中区本町六丁目)の西側広場に「日刊新聞発祥の地」の碑がある。

写真館

画像情報の伝達という点で、大きな役割を果たしたものに写真がある。日本の風物を海外に紹介する目的をもって、最初に横浜へやってきた職業写真家はスイス人ロシエであった。ロシエはイギリス総領事オールコックとともに来日し、開港直後の横浜や神奈川・江戸で撮影に従事した。またイギリス人ソンダースは一八六二年八月から十一月まで横浜に滞在し、各地で撮影を行った。

日本写真の開祖　写真師・下岡蓮杖顕彰碑　みなとみらい線馬車道駅5番出口すぐ、弁天通4丁目67番地。

一八六〇年、アメリカ人フリーマンが横浜で日本最初の営業写真館を開設、翌年に事業を鵜飼玉川に譲渡した。鵜飼は江戸両国に写真館を開き、日本人最初の営業写真家となる。

一八六〇年から翌年にかけて、横浜にはジョン・ウィルソンというアメリカ人カメラマンが滞在していた。下岡蓮杖はウィルソンからカメラとスタジオを譲り受け、一八六二年初頭に開業、横浜最初の日本人営業写真家となった。蓮杖の弟子からは、横山松三郎・臼井秀三郎・鈴木真一など、優秀な写真家が輩出した。馬車道通り沿いの弁天通四丁目六七番地に「日本写真の開祖　写真師・下岡蓮杖顕彰碑」がある。

一八六三年春、イギリス人ベアトが来日して横浜にスタジオを開き、幕末から明治初期にかけて、日本各地の風景を撮影し、さまざまな階層・職種の日本人を写真に収めた。残されている作品の数も多く、世界的にも一流のセンスと技術を持った写真家と評価されている。一八七〇年にはイギリス人ブラックが、紙面に写真を貼り込んだ隔週刊（のち月刊）英字新聞『ファー・イースト』を創刊し、新聞と写真の融合を試みた。

第六話　洋食事始め

一川芳員「異人屋敷料理之図」　万延元年（1860）10月
神奈川県立金沢文庫所蔵

西洋野菜の栽培

「人間とはその食べるところのものである」と言った哲学者がいた。欧米人の「食べるところのもの」と言えば、パン、食肉、野菜。バターやチーズの原料となる牛乳も欠かせない。困ったことに野菜を除くと、いずれも日本では入手しにくいものばかりだった。

当初外国人の食生活を支えていたのは船だったろう。船では野菜の水栽培も行われていた。しかし、いつまでも船に頼っているわけにはいかない。外国人居留地の整備が本格化するとともに、西洋食材の供給に関する記録が現れる。おそらくもっとも早かったのは西洋野菜の栽培であろう。一八六〇年初頭、フランス領事代理ジョゼ・ロウレイロは神奈川の慶運寺を領事公邸としたが、長沢屋某に委託して、そこで菜園を造っていた。翌年、長崎に移り、フランスとポルトガルの領事を兼任したが、そこでも畑を造っていた。長崎を訪れた長州藩の高杉晋作がそれを目撃して書き残している。

イギリスの初代駐日公使オールコックは植物愛好家だった。その著『大君の都』によると、オールコックが手に入れた西洋野菜の種を、横浜のエドワード・ロウレイロが菜園を造って育てたという。一八六一年頃のことである。ジョゼとエドワードは兄弟だった。しかし、ロウレイロの畑は家庭菜園に毛の生えた程度のものだったのではないだろうか。横浜の古参居留民ウィルキンの回顧談によれば、「最初の重要な農園」はW・H・スミス中尉のものであった。それは六八番地の自宅の裏にあったという。スミスは一八六三年中、六六番地にユナイテッド・サービス・クラブを設立しているから、その運営と一体のものであったろう。スミスはその後、山手六一番地から六三番地にかけての広い土地に、より規模の大きい農園を開いた。一八六四年、コマーシャル・ホテルの経営を始めたカーティスも農園をもっていた。これもホテルの経営と一体のものであったろう。

スミスの農園　『ジャパン・パンチ』1866年10月号より。横浜開港資料館所蔵

　西洋野菜の栽培は日本人の手で横浜近郊の農村に広がっていく。鶴見村がもっとも早く、文久三（一八六三）年、畑仲次郎が横浜元町の八百屋某からキャベツの種子を得て、翌元治元年栽培に成功。元治元年には小松原兵左衛門も慶運寺で菜園を造っていた長沢屋某の依頼でトマトの栽培を始めた。同じ頃、根岸村の清水辰五郎もカーティスからキャベツの株を得て栽培を始めた。

　明治になると子安村でも西洋野菜の栽培が盛んになり、特産地と称されるほどになった。栽培農家の一人、清水与助はトマトの栽培にとどまらず、明治二十九（一八九六）年八月、トマト・ソース製造会社、清水屋を創業した。平成十九（二〇〇七）年には復刻版清水屋ケチャップが販売されて話題になった。神奈川区子安通三丁目に「トマトケチャップ発祥の地」の記念碑がある。

精肉業

西洋人の食生活にとって食肉は欠かせない。遠洋航海する船は乾燥肉や塩漬肉を満載していたが、いくらスパイスを利かせても新鮮な肉の味にはかなわない。規模の大きい船になると家畜を載せており、食肉処理技術をもった乗組員も乗っていた。

開港後、横浜にやってきた外国人たちは「食肉飢饉」に襲われたことだろう。手に入るのは鳥肉だけで、牛といえばすべて役牛だし、豚の飼育は房総半島で始まったばかりだった。たまりかねた数人の居留民が共同で日本人から牛を買い、おそらく多少は肥育したうえで、船大工出身のイギリス人ヘンリー・クックに食肉処理を依頼し、オープンしたばかりの横浜ホテルのレストランで焼肉パーティーを開いた。開港から八、九か月ばかり経った一八六〇年三月か四月のことだった。最初の食肉業者アイスラー&マーティンデルが開業したのはその直後。同社を継承したキャメロン商会やそれをまた継承したヘンダーソン&ウェスト、それらとは別に開業したベイリー商会など、食肉業者には船乗り出身者が多かった。

文久二（一八六二）年夏に起きた生麦事件を合図とするかのように、外国人を排斥しようとする攘夷派浪人の活動が活発になり、翌年以降、居留地防衛のためイギリスとフランスの軍隊が山手に駐屯するようになった。居留民の数が五百人程度だったのに対して、駐屯軍将兵の数は慶応年間で約一千人を数えた。駐屯軍の存在によって、山手に巨大な食肉需要が発生した。慶応元（一八六五）年、北方村小港に公設の屠牛場が設けられ、外国人の食肉業者に貸与されて、食肉供給のシステムが整えられた。

この分野でも日本人の反応は早かった。伝承によると、文久二年頃、伊勢熊という居酒屋の亭主が牛肉の鍋売りを、慶応年間には元町の「鳥金」という鶏肉屋が牛肉の切売りを始めたという。

牧　場

牧場の開設は外国人居留民が待ち望んでいたものの一つであり、その期待に応えたのはアメリカ人リズレーだった。一八六六年二月、カリフォルニアから到着した船に、リズレーと一緒に六頭の牝牛とその子牛が乗っていた。四月六日にはもう新聞に牛乳販売広告を出している。牧場は山手のどこかにあったらしい。これが横浜最初の牧場である。その牧場は短命だったが、リズレーが蒔いた種は、ジェームズ＆ウィルソンの横浜牧場やそれを継承したと思われる根岸村のクリフ・ハウス牧場、同じく根岸村でイギリス人ウィンスタンレーが開設した横浜牧場など、外国人の経営する牧場に継承され、開花した。

中川嘉兵衛や下岡蓮杖など、牧場経営に挑戦する日本人も早くから現れたが、詳しいことはわかっていない。中川は牛乳だけではなく、天然氷やパン・食肉の販売など、新しい食品開発のパイオニアだった。共同経営者だった菅生健次郎の牧場は山手居留地に接する北方村にあった。横浜最初の日本人営業写真家として知られる下岡蓮杖は気の多い人で、明治四(一八七一)年頃、搾乳業を営んでいた。酪農や食肉業のパイオニアとして知られることになる中沢源蔵はその牧夫だったという。中沢は翌五年頃、北方村に自らの牧場を開いた。

パン屋

「パン」はポルトガル語起源の言葉で、江戸時代にも小麦粉を用いた蒸餅のようなものという知識が伝えられていた。そうした素地があったからか、興味深いことに、横浜で最初にパンを焼いたのは内海兵吉という日本人だった。横浜に近い本牧の饅頭屋の出身で、開港一年後の万延元(一八六〇)年に横浜に来て、焼饅頭のようなものを焼いて外国人に販売したところ、競争相手がいないのでよく売れたという。ロジャースというイギリス商人の回顧談によると、内海はフランス軍艦ドルドーニュ号乗り組みのコックから手ほどきを受け、「ゆで団子」のようなパンを焼き始めたという。「焼饅頭」が正しい表現なのか、「ゆで団子」の方が正しいのか、今となっては知るよしもないが、良いイースト菌が手に入らなかったのだろう。

内海は富田屋の屋号で営業を続けた。明治時代になるとパンは調理の必要が無いところから軍隊に重宝がられ、海軍省から注文を受けて繁盛した。明治末頃には「元祖食パン」の評価を確立、二代目の角蔵も海軍や日本郵船から受注して多忙を極め、後継者の手で戦後も給食パンを焼き続けたが、昭和四十年に廃業、残念ながらその存在は忘れられていった。

内海の「ジャパニーズ・ベーカリー」に対して「ユーロピアン・ベーカリー」が登場したのは翌一八六一年のことだった。アメリカ人グッドマンとポルトガル人フランク・ホセが相次いで開業している。一八六三年末、ホセは不幸にもブラウニングというイギリス人に日本刀で切り殺されてしまった。グッドマンは一八六四年病気のため一時帰国、店をイギリス人ロバート・クラークに委ねた。翌年復帰するがクラークも横浜に留まり、独立して「横浜ベーカリー」を開いた。明治二十四（一八九一）年に死去した後も未亡人のアンナ・ミヤが経営を続け、三十三年に廃業するまで、二人で通算三五年にわたってパンを焼き続けた。

横浜ベーカリーで修業した人に打木彦太郎がいる。明治二十年頃独立、「ウチキ・パン」は、富田屋と並ぶ横浜の二大ブランドとなり、後継者の手で現在も元町で営業が続けられている。クラークからグッドマンへと遡れば、開港以来の伝統が生き続けているということもできる。

中区日本大通五番地（大桟橋入口交差点近く）に、内海や打木の事跡を記念する「近代のパン発祥の地」の碑が建っている。

カレーライスの日本上陸

外国の商館や公館の台所では中国人や日本人が働いていた。岩崎次郎吉は、イギリス領事の住居となった神奈川の浄滝寺の台所で、初代領事ヴァイスの在任中、約三年間働き、エミンというフランス人のもとで料理を覚えた。ヴァイス夫妻は日本の米が大好物で、「炊きたての飯をカレーソスもかけず」、そのまま喜んで食べていたという。「カレーソス」とは「カレーソース」のことであろう。逆に言えば、ヴァイス夫妻以外の領事館員はカレーソースをかけて食べていたことになる。ヴァイスの在任期間は一八五九年七月から一八六三年四月までだが、一八六二年中には浄滝寺を引き払っているので、それ以前のことである。日本国内でのカレーライスに関する最も早い記録だと思う。

スイス領事を務めたルドルフ・リンダウは幕末に三度来日したが、一八六一年から翌年にかけて二度目に来日した時の見聞を『日本周航記』としてまとめた。その中の横浜に関する部分に、アジアで生活するヨーロッパ人の好物であるカレーライスが、「宴会の晩餐でも、普段の食事でも、いつも用意されている」という記述がある。

明治五（一八七二）年、仮名垣魯文が出版した『西洋料理通』には、カレー粉を使った肉の煮込みに米を添えるカレーライスのレシピが載っている。この著作の情報源は、横浜在住のイギリス人が日本人の雇人に西洋料理を教えるために記した手控え帳だという。幕末の横浜で外国人が日常的にカレーライスを食べていたことが判明したので、少なくともカレーライスのレシピについては文字どおり受け取ってよいと思う。

ビールの醸造

いまや夏の必需品となったビールの味を日本人に教えたのも横浜だった。一八六一年十一月、横浜最初の新聞『ジャパン・ヘラルド』が発行されると、さっそく広告のなかにビールが登場する。テクスター商会の広告では五〇本一〇ドル、大洋を越えて運ばれてくるビールが安かったわけはない。当時の貿易は季節風を利用して航行する帆船に頼っていたため入荷の時期にむらがあり、海難事故もあって、「ビール飢饉」の起きることがあった。

イギリス軍とフランス軍が山手に駐屯するようになると、ビール需要は一気に拡大した。調練に励めば喉が渇くからだ。居留民や駐屯軍将兵だけではなく、寄港船舶の乗組員の需要も増えると、醸造所の設立が求められるようになった。この要求に最初に応えたのは、一八六九年八月、ローゼンフェルトという人が山手四六番地に開設したジャパン・ヨコハマ・ブルワリーであった。しかし、一八七四年には廃業してしまい、短命に終わった。

ほんの少し遅れて、一八七〇年中、ノルウェー生まれのアメリカ人、コープランドが山手天沼にスプリング・ヴァレー・ブルワリーを開設した。コープランドの醸造所は変転を重ねながら、明治十八（一八八五）年創設のジャパン・ブルワリーに継承され、この会社の手でキリン・ビールの銘柄が生み出された。現在のキリン・ビールの起源である。北方小学校の隣に麒麟園という小さな公園があり、そこに「麒麟麦酒開源記念碑」という立派な石碑がある。公園前の道は「ビヤザケ通り」と呼ばれている。

日本人が創始した醸造所もあった。明治十年、保坂森之輔が山手に隣接する上野町で醸造を開始、十五年には久良岐郡太田村に横浜麦酒会社が設立された。十九年以降、本牧の間門で渋谷留五郎の大黒ビールや渋谷伝右衛門の中谷ペール・エールも製造販売されている。現在なら

麒麟麦酒開源記念碑　横浜市営バス20系統北方小学校前停留所下車徒歩1分、麒麟園公園内。

「地ビール」と呼ばれるようなものではないだろうか。

ラムネ製造

疲労回復効果のある糖分や炭酸ガス、ビタミンの補給源となる果汁などを混ぜた清涼飲料水は遠洋航海に欠かせない。その供給も貿易港にとって大切な役割であった。清涼飲料水の代表格ソーダ水製造の第一号は、一八六四年三月に上海から進出したファー兄弟商会、場所は居留地の八四番地にあった。新聞に掲載した広告には、製品として、ソーダ水、トニック・ウォーター(強壮剤入飲料)、レモネード、ジンジャー・ビール(しょうが入り炭酸飲料)を列挙している。日本の夏の風物詩として定着した「ラムネ」はレモネードが訛ったものだという。

清涼飲料水の製造では中国人が活躍している。一八六五年七月、テイラーとして名高いコック・アイが、ジンジャー・エールやソーダ水、レモネードの製造販売広告を出している。東京では明治五(一八七二)年に千葉勝五郎が檸檬《レモン》水(ラムネ)の製造技術を習得するため、「横浜一六番アーヘル方居留馮建」を半年雇用する際に提出した願書の存在が知られる。千葉は五年五月四日に製造許可を得ており、現在五月四日は「ラムネの日」とされている。

居留地では時計商として名高いスイス人ペルゴや、それを継承したスイス人ミンガード、ハーディング商会(日本名は「ハーディング」をもじった羽天狗商会)、フィッシャー商会、薬局のノース&レーなどが製造していた。日本人では明治九年創業とされる秋元巳之助が早い。のち金線印サイダーのブランドで知られるようになる。

第七話　保健衛生事始め

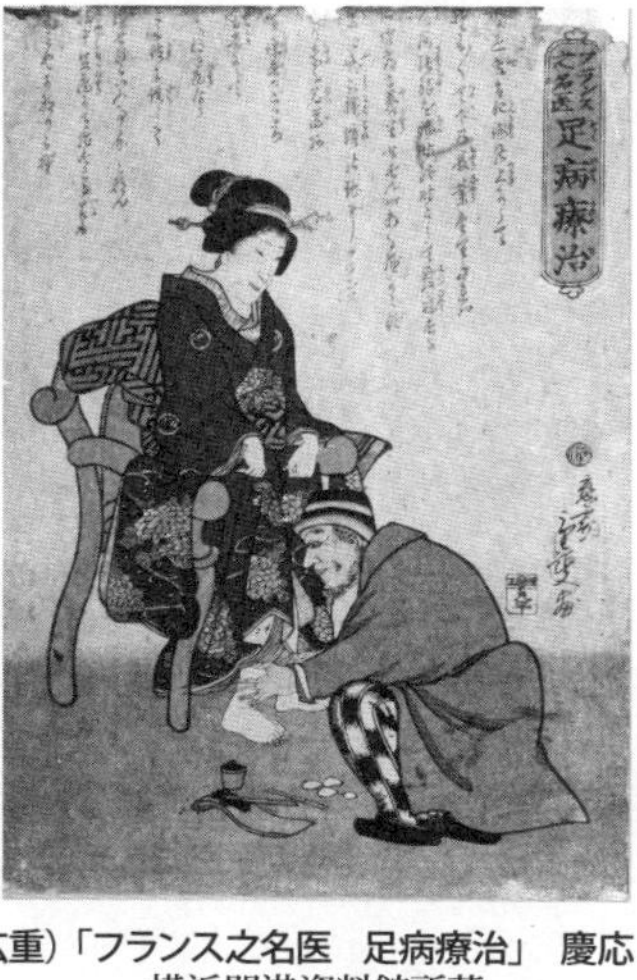

歌川重政（三代広重）「フランス之名医　足病療治」　慶応 2 年（1866）3 月
横浜開港資料館所蔵

外国人医師の開業

遠隔地貿易の行われるところ、そこには医者が同行していた。ケンペルやシーボルトは博物学者として名高いが、オランダ東インド会社に医者として雇用され、長崎出島に赴任したのだった。イギリスの巨大商社ジャーディン・マセソン商会の創業者の一人、ウィリアム・ジャーディンはイギリス東インド会社の元船医だった。

外国人医師が横浜にやって来るのも早かった。開港から四か月後の一八五九年十月、イギリス人ダッガンがもう病院を開設している。病院の名前は「神奈川ホスピタル」だが、場所は横浜にあった。同じ頃、二人のアメリカ人宣教医が来日した。十月十七日に来日した長老派教会のヘボンと、十一月一日に来日したオランダ改革派教会のシモンズである。シモンズは神奈川から横浜へ往診に出かけていたが、一八六〇年十月に横浜で開業した。ヘボンが以前シモンズの住んでいた神奈川の宗興寺で診療所を開いたのは一八六一年四月頃で、日本人を対象とする外国人の病院としてはこれが最も早い。翌一八六二年十二月、横浜に移転した。

西洋歯科医学

一八六五年、上海からアメリカ人歯科医師イーストラックが来日し、十月から半年ほど一〇八番地で診療を行った。これが歯科医師の来日第一号であった。一八六七年一月には、アメリカ人ウィンも同じく一〇八番地で診療を行った。二人は一八六八年頃、上海で共同の診療所を経営するようになり、横浜の居留地一六番地にも出張所を設けて、交替で診療に当たった。イーストラックは日本を終生の地と定め、明治十六（一八八三）年二月、再々度来日して山下居留地六六番地で開業した。イーストラックはのちに「イーストレーキ」と呼ばれるようになるが、それは語学教育の分野で活躍した長男フランクが「東湖」(East Lake）の号を用いたからだと思う。

イーストラックの弟子の長谷川保兵衛は東京で開業した。長谷川門下の安藤二蔵はイーストラックの助手を務めたのち、横浜で開業したが、惜しくも早世した。神奈川県歯科医師会館（中区住吉町六丁目六八番地）の前には「我国西洋歯科医学発祥の地」の記念碑がある。

公共的な総合病院

一八六二年、居留地一三五番地に中華同済病院ができて、中国人のコミュニティの核の一つとなった。これが最初の公共的な病院である。欧米系では、一八六三年四月、八八番地に横浜ホスピタルがオープン、元英公使館付医師ジェンキンスが治療にあたった。領事団の管理のもと、一八六六年末まで維持された。

一八六七年、山手のオランダ海軍病院が「各国一般の病院（ゼネラル・ホスピタル）」に改組され、閉鎖された横浜ホスピタルに代わって、国籍や貧富の別なく治療するようになった。しかし、同年末にはこれも閉鎖されようとしていた。そこで居留民の間から、公共的な病院を再建する運動が起こった。協議の結果、費用を居留民が肩代わりしてオランダ海軍病院を存続させることになり、翌一八六八年新規開業した。これが横浜各国病院（ゼネラル・ホスピタル）、通称山手病院である。日本人の患者も受け入れ、貧しい人には無料で診療が行われた。

明治四（一八七一）年九月一日、神奈川県の手で元弁天に仮病院（横浜医院）が設立された。六年には医師としてシモンズを雇用し、野毛山へ移転、翌七年、十全医院と命名された。日本人の手で設立された最初の公共的な総合病院であり、県と有力商人が共同で管理運営する官民共立の病院であった。領事団の監督のもと、居留民の代表による委員会が運営していた横浜各国病院が参考とされたかもしれない。また、横浜各国病院同様、寄付金により貧しい人には無料で診療が行われた。明治二十四年、横浜市に移管、昭和十九（一九四四）年、横浜市立医学専門学校附属十全病院となり、現在の横浜市立大学附属病院に継承されている。

軍人用の病院

一八六三年以降、山手には英仏軍隊が駐屯するが、その中には病兵も多かった。山手の外国人墓地にあるイギリス記念碑の周囲には、夥しい数の駐屯軍兵士の墓標が集められている。そ

フランス海軍病院　入り口上部に唐破風の屋根をもつ寺院のような建物の前に鳥居が建つ。その一方でヴェランダと長窓に洋風の要素が見られる奇妙な建物。　横浜都市発展記念館所蔵

れらは戦死者ではなく、病兵だった。保養のためには衛生状態を改善し、医療施設を整える必要があり、各国が軍人用の病院を設立した。

イギリスは一八六四年夏、山手に陸軍病院（屯所附病院ともいう）を設けた。海軍病院はフランスが早く、一八六四年六月中、居留地九番地に建設を始めている。オランダ海軍病院は一八六六年六月、のちの山手八二番地Bに当たる場所に設けられた。すでに述べたように、この病院は横浜各国病院のルーツとなった。

イギリス海軍病院は明治元（一八六八）年十一月、山手一六一番地に開設された。駐屯軍が撤退した後、八年九月、キャンプ跡地の広大な土地（一一四〜一一五番地、一八九番地）に移転した。現在イギリス館や大仏次郎記念館、港の見える丘公園のある一帯である。アメリカ

海軍病院は三年十二月、山手九九番地に設けられた。港の見える丘公園と外国人墓地の間、地方気象台やブラフ99ガーデンのある一帯である。ドイツ海軍病院は山手四〇番地（現在元街小学校所在地）に十一年六月一日、開院している。

明治維新の動乱のさなかには日本人のための軍陣病院も設けられた。戊辰戦争では、刀や槍ではなく、近代的な銃器が使用されたため、銃器による傷の治療に習熟している外国人医師の治療が求められた。幕府側は明治元年正月中旬から二月末にかけて、弁天地区にあった語学所（幕府が設置した英語とフランス語の学校）に軍陣病院を設けた。ここでは負傷した新撰組隊士などがフランス人医師から治療を受けた。

新政府側は明治元年閏四月十七日、野毛町にあった修文館（奉行所役人の子弟のための漢学稽古所）に軍陣病院を設け、ともに英公使館付医師のウィリスとシッドールが治療に当たった。一時は患者を収容しきれなくなり、太田陣屋も利用された。十月、東京に移転、拡充されて東京府大病院となった。医学校も併設され、東京大学医学部及び付属病院の源流の一つとなった。軍陣病院が横浜に存在したのはわずかな期間だったが、西洋外科医学の優秀性を立証するものとして、日本人に強い印象を与えた。

種痘と疱瘡病院

英仏駐屯軍兵士たちは、天然痘（疱瘡）やコレラ、赤痢などの伝染病に苦しめられた。とくに天然痘が猛威をふるった。そこでイギリスは元治元（一八六四）年九月、海軍の付属病院として、山手の額坂上《ひたい》（のちの山手七六番地）に疱瘡病院を設けた。これが「わが国最初の伝染病予防隔離病院」であった。翌慶応元年五月、イギリスの計らいで他の国の兵士も収容することとなり、各国疱瘡病院となった。

種痘の知識はオランダ経由で日本に伝わっており、安政五（一八五八）年には江戸に「お玉が池種痘所」が設立された。種痘は横浜近辺でもある程度普及していたが、少数の医師の努力だけで天然痘の流行を抑えることはできなかった。そこで神奈川県は英海軍付医師ニュートンの協力を得て、明治三（一八七〇）年十一月、布達を出し、小児全員を対象に種痘を実施することにした。全額官費による強制実施はこれが日本最初であった。翌四年九月には元弁天の仮病院内に横浜仮種痘所を設けた。十全医院の事業が軌道に乗ると、種痘の実施も十全医院とシモンズが中心となる。八年二月には、シモンズの建言により、十全医院を種痘本局とし、各地に種痘医師を配置して、種痘を実施することとした。

伝染病院

明治十（一八七七）年、コレラが流行したが、各国疱瘡病院は施設が老朽化したうえ、周囲に住宅が建て込んできたため、それに対応することができなかった。そこで新たな伝染病院の建設が課題となった。翌十一年七月、久良岐郡中村字中居台（現在南区唐沢）に用地が提供され、そこに各国疱瘡病院と横浜各国病院内の天然痘病棟が移転し、軍人も一般人も、天然痘もコレラも扱う各国伝染病院（外国人避病院）となった。これとは別に、中華会館総代が中国人のための伝染病院用地の借用を申請したので、十四年、神奈川県は久良岐郡中村字山田（現在南区中村町四丁目）の土地を中華同済病院に貸与した。この病院は同済病院の分院だが、日本人からは清国避病院と呼ばれた。

明治十年の流行に際しては、神奈川県も隔離病院を設けることになり、太田村字西中耕地（現在南区三春台、太田小学校付近）に太田避病院を設置した。これが日本人の手になる最初の避病院であった。避病院は流行が収まるとともに一旦閉院となったが、十二年にまたコレラが流行した。そこで県は八月四日、太田避病院に代えて、旧吉田新田内和泉町（現在南区浦舟町四丁目、横浜市立大学附属市民総合医療センター所在地）に和泉町避病院を設置し、十全医院の付属とした。二十四年四月、十全医院とともに避病院も横浜市に移管され、三十三年、万治病院と改称、三十八年に十全医院から独立し、大正十一（一九二二）年、滝頭町字扇ケ谷（現在磯子区滝頭一丁目）に移転した。平成四（一九九二）年、閉院となり、現在跡地に横浜市立脳卒中・神経脊椎センターが設置されている。

薬局

一八六四年三月頃、ハリスが居留地八一番地で横浜メディカル・ホールを開業した。これが外国人経営の薬局第一号であった。しかし、翌年には廃業しており、長続きしなかった。一八六四年七月一日、新旧二人のイギリス公使館付医師、ウィリスとジェンキンスが九六番地で横浜ディスペンサリーを開業した。タッチの差で第一号になれなかったが、こちらは長く続いた。明治八（一八七五）年にノース＆トンプソン、十七年にはノース＆レーと、経営者と名前を変えながら、横浜居留地の代表的な薬局の一つとして大正十（一九二一）年頃まで存続した。

理髪業

赤・白・青の理容室のトレード・マークは動脈・リンパ液（一説には包帯）・静脈を示している。これはかつてヨーロッパで、理髪師が整髪だけではなく、鬱血した人の血を抜く刺絡を行っていたことに由来している。長崎出島のオランダ商館では理髪師は医務職員とされていたし、遠洋航海をする船には欠かせない存在だった。

開港後横浜にやってきた外国船には理髪師が乗り込んでいただろうし、最初は船の上で営業していたかもしれない。やがて上陸して店を構える人が現れる。記録に残っている最初の店は、一八六四年三月、横浜ホテルにオープンしたファーガスンのヘアー・ドレッシング＆シェーヴィ

ZANGIRI　西洋理髪発祥之地　みなとみらい線元町・中華街駅1番出口より徒歩5分、山下公園内。

ング・サロンであった。

日本人の理髪師が現れるのも早かった。伝承によれば、小倉虎吉・原徳之助・松本定吉・竹原五郎吉など七、八名の床屋が、外国船に出入りして、剃刀で船員の顔を剃って収入を得ていたが、そのうち船に乗り組みの外国人理髪師からハサミの使い方を習い、明治二（一八六九）年頃、居留地一四八番地の中国人の家の一部を借りて店を開いた。これが日本人の第一号だという。四年に断髪令が公布される前だから、客はもっぱら外国人だったにちがいない。山下公園の木立のなかに、これを記念して、「ZANGIRI　西洋理髪発祥之地」の碑が建っている

クリーニング業

開港とほとんど同時に「外国人衣類洗濯」を出願する日本人商人がいた。しかし、出願した

だけでは実際に営業したかどうかわからないし、洗濯するものが「外国人衣類」というだけでは、西洋洗濯業としてのクリーニングとは言えない。

クリーニング業発祥の地　みなとみらい線元町・中華街駅５番出口より徒歩1分、港の見える丘公園フランス山地域の谷戸坂側入口そば。

実際に営業していたことが明らかなのは、文久二（一八六二）年頃、太田町八丁目（現在の中華街北門付近）で営業を始めた渡辺善兵衛であった。それが西洋式だったと考えられる理由の一つは、渡辺が熊本の出身であり、「長崎での経験を生かした」と伝えられている点。長崎では出島のオランダ商館に出入りする人を介して、西洋式の洗濯についての知識が伝えられていただろうから。もう一つは渡辺が丸い石に衣類を叩きつけて洗濯したと伝えられている点。かつて西洋洗濯業者の間では丸い石に衣類を叩きつける「ポンコツ」と呼ばれる洗濯の仕方が行われており、ポンコツ節という労働歌が歌われていた。

山手に英仏軍が駐屯を始めると、洗濯の需要も増大した。一八六五年十一月、W・H・スミス中尉が居留地一三一番地に横浜ウォッシング・エスタブリッシュメントを開設したのは、その需要に応えようとしたものだろう。同じ頃、脇沢金次郎は太田町六丁目（現在日本大通）で洗濯業を始め、外国人の信用を得た。慶応二（一八六六）年の大火で類焼したが、翌三年、兄の岡沢直次郎とともに元町一丁目で洗濯業を営み、イギリス軍の洗濯物を一手に引き受けたという。屋号を清水屋といった。同じ頃、小島庄助も元町五丁目で西洋洗濯業を始めた。その後、元町など山手の麓一帯に多くの西洋洗濯業者が開業した。みなとみらい線元町・中華街駅の元町側出口から谷戸坂を少し登ったところに「クリーニング業発祥の地」の記念碑がある。

第八話　輸入品の国産化

五雲亭貞秀「玉板油絵　大胡弓　二線　笛」 万延元年（1860） 閏 3 月
神奈川県立歴史博物館所蔵

天然氷とアイスクリーム

天然氷の採取・販売事業は、一九世紀初頭にアメリカのニュー・イングランド地方で始まり、ボストンから各地に出荷されるようになった。これをボストン氷と言う。開港直後の横浜にはさっそくボストン氷が輸入された。それは大西洋を越え、アフリカの喜望峰を回り、インド洋を越えて、半年がかりで運ばれてくるので、「ビール箱一つが三両」というほど高価だった。そんなに高価なものを何に使ったのか。生鮮食品の保存のためだと思われるかもしれないが、それにしては高すぎる。贅沢な飲料あるいは食材と考えたほうがよさそうだ。ちなみに一八六四年、新装開店した横浜ホテルのレストランでは氷が提供されていた。

氷に目をつけたのはアメリカ人リズレーだった。元はサーカス芸人だが、さまざまな事業に手を出し、事始めの多くの項目に登場する風雲児である。リズレーは一八六五年春、中国から天津氷を輸入し、五月にアイスクリーム・サロンを開いた。場所は居留地の一〇二番地、現在中華街の天長門がある辺り、日本最初のアイスクリーム販売であった。リズレーが天津氷を輸入した一八六五年夏、オテル・デ・コロニーというホテルのレストランで、コーヒー、バニラ、木いちご、桃、すぐりなどの味のアイスクリームやシャーベットが提供され、話題になった。天津氷が利用されたのだろう。この頃、少なくとも居留地ではアイスクリームはすでに身近な存在になっていたようだ。

翌一八六六年十月、リズレーは日本人曲芸師を引き連れて欧米巡業の旅に出てしまう。そのためあいかわらずボストン氷が輸入され、幅をきかせていた。これに商戦を挑んだのが中川嘉兵衛であった。明治二（一八六九）年、元町一丁目にYokohama Ice Co.（横浜氷会社）を設立し、初めて函館氷の出荷に成功する。この年六月、町田房造が馬車道（常盤町五丁目）で氷水店を開き、氷とアイスクリームを販売したと伝えられるが、それを可能にしたのは中川の函館氷であったろう。これが日本人によるアイスクリーム販売の第一号となった。馬車道沿いの常盤町四丁目四五番地に、この出来事を記念する「太陽の母子像」がある。

太陽の母子像　横浜市営地下鉄関内駅9番出口すぐ、常盤町4丁目 45 番地。

中川の苦労はまだ続く。明治三年には青森で氷を切り出したが運搬船のチャーターがうまくいかず失敗。そのころ横浜ではアメリカ系バージェス商会の手で、ボストン氷の一銘柄「ウェンナム湖の氷」や機械製氷も出回り始めていた。翌四年、中川は函館五稜郭の氷の切り出しに本格的に成功し、「外国商社に負けたのでは国の体面に関わる」という意気込みで、猛烈な値下げ競争を展開、勝利を収めた。氷は輸入品に打ち勝った国産品の第一号となった。

機械製氷

中川とバージェス商会との氷合戦に関する記録から、明治三（一八七〇）年すでに機械製氷の行われていたことが知られるが、詳しいことはわからない。確かなものでは、十二年、谷戸坂入口の山手一八四番地に設立されたジャパン・アイス・カンパニーが早い。創立者は兄トーマスとともに銀座煉瓦街の建設に従事したアルバート・ウォートルス、山手一八四番地は中川嘉兵衛の横浜氷会社があった場所の隣に当たる。十四年に経営権がオランダ人ストルネブリンクらの手に移り、名称も横浜アイス・ワークスに変わった。以後長らくストルネブリンクによって経営されたが、大正元（一九一二）年七月、日本企業の帝国冷蔵に譲渡された。

中川嘉兵衛は晩年機械製氷にも意欲を示し、明治三十年、長男佐兵衛らの手で、東京業平橋に機械製氷株式会社が設立された。同社は東京製氷と合併して日本製氷となり、さらに東洋製氷と合併して日東製氷に、ついで大日本製氷に社名を変え、日本食料工業に合併された。昭和十（一九三五）年、横浜アイス・ワークスの経営を引き継いだ帝国冷蔵も日本食料工業に合併された。中川とストルネブリンクによって、隣り合う土地で行われた二つの事業が、ここで合体したわけである。山手一八四番地では、経営者を変えながらも、平成十一（一九九九）年末に操業が停止されるまで、一二〇年にわたって機械製氷が行われた。みなとみらい線元町・中華街駅元町側出口の右手に「機械製氷発祥の地」の銘板が設置されている。

養豚とハム製造

幕末にスミスやカーティスが開いた農園のことは第六話で述べたが、そこでは豚も飼育されていた。ほとんど同時期の慶応元（一八六五）年、山手続きの北方村の農民、佐藤長右衛門が早くも洋種の豚の飼育を始めている。それが中村字八幡谷頭《やと》（現在南区八幡町）の平石芳蔵に伝わり、洋種の豚の掛け合わせによって谷頭種と呼ばれる新種の豚が生み出され、肥育が簡単で味が良いと評判になった。一説によると高座豚の源流と言われる。

高座豚を原料とし、安価なのに美味しいとして名を馳せたのが鎌倉ハムだった。山手に農園を設けたカーティスは、明治十三（一八八〇）年四月、鎌倉郡下柏尾村（現在横浜市戸塚区柏尾町）にホワイト・ホース・タヴァーン（白馬亭）というホテルを開設し、そこでハムやベーコンの製造を始めた。二十年頃、ホテルの近隣の斎藤満平・益田直蔵・斎藤角次が相次いでハムの製法を学び、製造を始める。これが鎌倉ハムのブランドで知られるようになった。斎藤満平が創始した斎藤商会の昭和十六（一九四一）年の「事業概況」によると、「畜産業を盛んにするとともに、輸入を防ぎ、国の利益を増すことが企業の趣旨であり、今では外国に輸出して、外貨獲得の一助となっている」と自負している。

横浜には洋種のほか、中国産や房総経由薩摩の黒豚も入ってきた。武田屋小手《お》五《で》左衛門など、横浜の豚肉商には千葉の出身者が多い。江戸清の経営者、高橋清七もその一人で、沖縄から種豚を導入し、郷里の農家に飼養を委託していたが、某ドイツ人やロシア人ヤコブ・ベルテからハムやソーセージの製法を学び、「千葉ハム」のブランドを生み出した。明治二十七年の創業と伝えられる。やはり千葉出身の大木市蔵は、江戸清で修業したのち、マーチン・ヘルツというドイツ人から豚肉加工技術を学び、大正九（一九二〇）年元町で独立、十二年に「大木ハム」を売り出した。ヘルツと共同で「合資会社サシズ屋商会」を興したともいう。「サシズ」とはソーセージのことである。

石鹸製造

横浜にはいち早く西洋の文化が流入、摂取されたが、なんでもかんでも取り入れたわけではない。貪欲に摂取されたのは、それまで日本には無かったもの、それまで使われていたものより便利なものであった。マッチや石鹸がそうだ。マッチの方が火打石より早く楽に火をつけることができるし、灰や米のとぎ汁より石鹸の方が早くきれいに汚れを落とせる。その石鹸に目をつけたのは堤磯右衛門だった。

磯右衛門は横浜近郊、磯子村の村役人を務める旧家の出身、チャレンジ精神の旺盛な人物だった。幕末期の激動は彼にさまざまなチャンスを与えた。品川や神奈川の台場（砲台）の建設、横浜開港にともなう居留地の石垣の築造に関わり、さらに幕府の大事業だった横須賀製鉄所（のちの横須賀海軍工廠）の建設工事に従事して見聞を広めた。彼はそこでフランス人技師ボエルが石鹸を使うのを見て、その効用と製法の概略を教えてもらったという。

堤石鹸とその型　石鹸はこの型を用いて作製したレプリカ。横浜開港資料館所蔵

彼が起業を決意したきっかけは、明治五（一八七二）年十一月、大量の石鹸が輸入されていることを知ったことであった。「大に感慨する所あり、輸入を防ぎ国益を興すの一端にもと奮つて石鹸製造事業を計画」したと自ら述べている。翌六年三月、第五区吉田南三ツ目第一四六番（のちの横浜市三吉町四丁目二六番地、現在の南区万世町二丁目）に製造所を設け、四月から製造実験を開始、六月にようやく成功し、

二十七日、神奈川県に石鹸製造開業の願書を提出した。実験段階を終えて、営業を始めたという意味で、この日を開業の日付と考えることができる。七月二十五日に洗濯石鹸を初めて出荷、翌年には化粧石鹸の製造に成功した。「是実に我国石鹸製造の嚆矢《こうし》なり」と自ら述べている。

磯右衛門はそうとうな凝り性だったようだ。石鹸型は、明治七年に土岐清次郎という印版師の協力で丸形を作成、翌年これを見本として、東京の玄々堂に角形真鍮型を彫刻してもらった。そのかいあって、十年の第一回内国勧業博覧会で花紋賞牌を受けたのを始め、たびたび受賞した。十四年頃が事業の最盛期であり、香港・上海へも輸出した。しかし、その後経営不振に陥り、二十三年五月に操業停止、磯右衛門も翌年に死去した。工場跡地に近い万世町内会館脇、万世子どもの遊び場入口に「日本最初の石鹸工場発祥の地――堤磯右衛門石鹸製造所跡」のパネルが設置されている。また、平成二十二（二〇一〇）年には「磯右ヱ門SAVON」という復刻石鹸が発売された。

明治二十年、横浜平沼石鹸製造所が設立され、堤石鹸に替わって横浜の石鹸業界の担い手となった。場所は平沼町三丁目四一番地、田圃の中に出現した煉瓦造の建物で、動力には蒸気機関が用いられた。経営者はイギリス人サムエル・コッキング、夫人の苗字を借りた宮田商会が販売したので、宮田石鹸の通称で知られた。

マッチ製造

マッチが伝来する前には、火打金に火打石を打ち付けて火花を起こし、それで燃えやすい火口《ほくち》に点火し、さらに木片の先に硫黄を塗った附木《つけぎ》に火を移した。そのためマッチは摺り付けるだけで発火する附木という意味で「摺附木」と呼ばれた。それにも尋常摺附木と安全摺附木（安全マッチ）の二種類があった。尋常摺附木というのはマッチ棒の頭薬に黄燐を用いるもので、摺るだけで発火するため、自然発火の恐れがあり、また子どもが舐めると危険なので、市場に出しにくいものであった。安全摺附木とは頭薬と箱の側面の側薬を摺らないと発火しないマッチ、つまり現在普通に用いられているマッチのことである。

マッチ業界の定説では、明治八（一八七五）年四月、清水誠が東京で日本最初の国産マッチを製造したとされている。しかし、これはまだ実験段階のもので、製造できたのは尋常摺附木であり、販売には至っていない。しかも、清水は横須賀製鉄所に勤務することになったため、実験に専念できなかった。翌九年三月、清水は「横浜在留英国人某」が安全摺附木を製造しようとしている話を聞き、奮起して実験を再開、安全摺附木の製造に成功し、新燧社《しんすいしゃ》を設立した。つまり、清水による起業は明治九年だったのである。では清水を奮起させて、安全マッチの製造を決意させた「横浜在留英国人某」とは誰なのだろうか。

明治八年、戸部三二一番地にジャパン・セーフティ・マッチ・カンパニーが設立された。日

汽車印マッチの広告　『横浜毎日新聞』明治10年（1877）10月26日号より。

本名を日本防難摺附木製造所という。この工場は日本人と外国人の共同事業だった。日本側は石岡雅次郎、外国側はブレント商会が経営に加わっていたが、実質的な経営者は支配人のブラウァーだった。黄色い包装紙に汽車の絵が印刷されており、「大日本極上品汽車マッチ」と銘打って販売されていた。

セーフティ・マッチ（防難摺附木）をセールス・ポイントにしていたのは、安全マッチを製造していたからだろう。実質上の経営者だったブラウァーはアメリカ人だが、外国側の代理人のブレントはイギリス人だった。清水を奮起させた「横浜在留英国人某」がジャパン・セーフティ・マッチ・カンパニーだったことはほぼ明らかだろう。ただし、清水が伝聞した「安全マッチを製造しようとしている」というのは不正確で、実際にはすでに製造していたのである。その意味では、国産マッチの製造が明治八年に始まるというマッチ業界の定説は間違いではなかった。ただし、その場所は東京ではなく、横浜であった。

なお、『横浜開港側面史』に菊林林蔵に関する小沢勝次郎の談話が収録されており、それによると、菊林は汽車印マッチを販売していたが、その後三吉町に自ら工場を興して製造を始めた。それは事実なのだが、小沢が汽車印マッチの製造そのものを菊林の事業だと記憶していたのは誤りだった。ジャパン・セーフティ・マッチ・カンパニーの存在が忘れ去られる一方で、小沢の談話が疑われなかったため、横浜では菊林を「マッチの元祖」とする通説が生まれた。

また、清水の創始した新燧社は、明治十年の内国勧業博覧会で鳳紋賞牌《ほうもんしょうはい》を受賞、上海へも輸出するなど、着々と業績を伸ばしていった。その結果、全国的には清水が国産マッチ創始者の名誉を得ることになった。横浜でも全国的にも割を食ったかたちのジャパン・セーフティ・マッチ・カンパニーだが、平成七（一九九五）年に横浜グッズとして汽車印マッチが復刻販売され、実在の確かな国産マッチ第一号としての名誉が多少回復された。

西洋瓦と煉瓦の製造

ひと昔前まで、元町公園ではジェラールの刻印のある瓦のかけらを拾うことができた。そのためジェラールの名前はよく知られていた。名前が知られていながら、経歴のはっきりしない人物がいると「謎の」という形容詞がつき、いったん「謎の人物」とされると、そこにおもしろおかしい話が集められて、どんどん虚像のふくらんでいくことがある。飛鳥田一雄元横浜市長の『素人談義　三人ジェラール』（有隣堂）という著作は、「素人談義」と謙遜しているわりにはよく調査されており、さまざまな虚像を検討しなおして、実像に迫ろうとした力作だが、その飛鳥田氏が想像したジェラールの晩年は、次のようなものだった。

「孤独の職人が、たいして財産を残したと思えずに、やがて七十歳を過ぎた年頃でフランスへ一人さびしく帰っていった。」

謎を解く鍵は、平成四（一九九二）年、横浜開港資料館の調査チームが神奈川県立文化資料館（当時。現在は県立公文書館）で、「永代借地権ニ関スル書類」を調査中に発見された。その中に、昭和二（一九二七）年正月十四日、ジェラールの遺産相続人シャルトンが山手七七番地の永代借地権を横浜市へ売却した際の書類が含まれていて、シャルトンの権利を証明するための添付書類としてジェラールの遺言状が綴りこまれていた。それによって、ジェラールは一九一五年三月十九日、母国フランスのランス市で死亡した事実が判明した。この記録をたよりにランス市役所に問い合わせたところ、ジェラールは一八三七年三月二十三日、パン屋の息子としてランス市に生まれ、晩年は金利生活者として故郷で悠々自適の生活を送ったらしいことがわかった。わかってみれば、謎めいたところなど何もない、海外で成功して故郷に錦を飾った一人の実業家だった。

一八六三年九月に来日したジェラールは、食肉など食料品の船舶供給業を営んだ。一八六五年、幕府は北方村小港の海岸に屠牛場を建設し、イギリス、アメリカ、オランダ、フランス、プロイセンの五か国の食肉業者に貸与した。ジェラールはフランスのテナントを引き受けていた。

横浜の中心部には良い水源が少なく、とくに埋立地は井戸水に塩分が混じってしまって、防火用水にしかならない。しかし、周囲の丘陵地帯からは良質の水が得られた。ジェラールはそこに目を付け、まず明治元（一八六八）年、中村字池ノ谷戸（のち山手居留地の飛び地二〇二番地）に水源を獲得し、三年の夏にはそこから一八八番地の事務所まで鉄製のパイプを埋設して給水した。関東大震災後の昭和三年、池ノ谷戸を通る根岸新道が開削され、この地一帯は打越と呼ばれるようになる。ジェラールの水源は「打越の霊泉」に名残を留めており、現在も冷水が湧き出ている。ジェラールは山手七七番地にも水源を獲得し、近くの堀川までパイプを埋設して、そこから小船で沖合の船に給水した。

ジェラールはこの山手七七番地に西洋瓦・煉瓦製造工場を建てる。その時期は定かでないが、最古の瓦銘が「一八七三年」（明治六年）なので、その頃のことと考えられている。これが日本最初の西洋瓦である。最初からかどうか不明だが、少なくとも一八七五年には Steam Tile Manufactory の看板を掲げ、蒸気機関による機械生産をセールス・ポイントにしている。西洋瓦は日本の桟瓦と違って、瓦を固定するための土が不要なので、屋根が軽くなる利点があり、ジェラールの事業はしだいに軌道に乗っていった。明治十一年にジェラールが帰国した後も、後継者のドゥヴェーズによって経営は続けられた。

明治八年八月二十八日の『横浜毎日新聞』に、ジェラールの瓦について、日本の土でできているのに、それを日本人が高く買わなければならないのは残念だ、日本人も真似できるのに、「負ぬ気の瓦師」がいないのは困ったものだ、という意見が掲載されている。西洋瓦が日本人の間で注目され始めるとともに、その国産化の機運が現れてきたことを示している。「負ぬ気の瓦師」はすぐに現れた。十年の内国勧業博覧会に、田村三五郎・植松金蔵・明智伊之助・小川利右衛門・加藤嘉七といった人たちが西洋瓦を出品している。十三年にはジェラール瓦の販売代理人レイノーが「偽ジェラール瓦に注意」の新聞広告を出した。

日本人による煉瓦の製造も始まる。明治二十一年十月、横浜の相生町四丁目六八番地に横浜煉化製造会社が設立された。社長の田中平八、発起人の原善三郎はともに大生糸売込商である。工場は橘樹郡御幸村（現在川崎市幸区）にあった。その二年前から増山佻三郎が経営していた工場を母胎に、ホフマン窯と呼ばれる大規模な円形の焼成窯を新設したものであった。この会社は二十六年に解散するが、工場は増山が継承し、三十一年以降、御幸煉瓦製造所として操業を続けた。

競争が激しくなる一方で設備が老朽化したためだろう、明治四十年四月、ジェラールの工場は設備の更新を図る。しかしそれが仇になったらしく、経営不能に陥り、七月には代理人のスゾールの手で機械設備が売却された。大正九（一九二〇）年、工場跡地に、作家の谷崎潤一郎が脚本部顧問を務めたことで名高い映画会社、大正活映の撮影所ができた。十一年には日本人の経営するジェラール給水株式会社が山手の水源を利用して操業を始め、関東大震災の時には被災者への給水に貢献した。

せせらぎ広場　みなとみらい線元町・中華街駅５番出口より徒歩５分、元町公園の元町側入口、プールの手前。

関東大震災後の復興の過程で、市街の再整備とあわせて、旧居留地での外国人の借地権の遺物である永代借地権の回収が積極的に進められ、ジェラールの工場跡地も横浜市が買収した。借地権回収後、横浜市青年連合団の提案により、ここに湧水を利用したプールが建設され、昭和五年六月一日にオープンするとともに、周囲一帯は公園として整備された。これが現在の元町公園である。

私が小学生の頃には学校にプールはなく、もっとも近いのが元町プールだった。近いといっても谷一つ山一つ越えなければならなかったけれども。

プール前の小公園に繋る大きなヒマラヤ杉は、ジェラールの工場の中庭にあったもので、それがそのまま成長したのだが、その後台風などで倒れて、今は一本も残っていない。現在、小公園はせせらぎ広場として整備されている。ヒマラヤ杉があった位置には丸い大きな花活けが据えられている。入口には「ジェラール水屋敷地下貯水槽」(国登録有形文化財)が保存・公開されているが、その煉瓦壁は工場の遺構である。その脇では今も清水がこんこんと湧き出ている。ただしこの貯水槽は蒸気機関用であり、山裾にもう一つ上部貯水槽があって、それが給水用だったと考えられている。プールの管理棟はジェラール瓦で葺かれていて、その前に資料の展示パネルが設置されている。

洋楽器製造

開港後来日した外国人は家財道具を一式持って来なければならなかった。その中にはピアノやオルガンなどの洋楽器も含まれていた。開港から約半年後の一八五九年十二月二十九日、上海で待機していた宣教師ブラウンの夫人と子どもたちが来日、宣教師たちが住んでいた神奈川の成仏寺に荷物が運ばれた。その中にピアノとハーモニウム(オルガンに似た楽器)があった。横浜開港後最初のピアノの音は成仏寺本堂で響いた。

一八六三年にはプロのピアニスト、シップが来日し、九月二十六日、横浜ホテルで行われたアマチュア音楽会に賛助出演するとともに、ピアノの楽譜の販売を行った。この頃にはピアノを持っている居留民もある程度いたようだ。

Ｊ・Ｒ・ブラックと言えば日本ではジャーナリストとして名高いが、来日前はテノール歌手だった。一八六四年、そのブラックがピアニストのチゾムとともに来日し、八月から九月にかけてミニ・コンサートを開いた。約三週間の横浜滞在中、チゾムはピアノの調律に応じる旨の広告を出している。期間限定ではあったが、プロの調律師の開業第一号である。ブラックにとってはこれが人生の転機となり、そのまま横浜に滞在して、ジャーナリストとしての活躍の場を見出すことになる。

翌一八六五年二月にブラガ、八月にはシュワルツがピアノ調律の広告を出している。しかし、ブラガの営業は短命に終わり、シュワルツは少なくとも一八七四年まで営業していたが、音楽専門ではなく、時計の製造・販売、宝石や婦人用帽子の輸入など、多角的な経営であった。

一八七二年十二月、クレーンがピアノ調律師として開業、これが横浜居留地での音楽専門店のルーツとなった。一八七八年十二月にはカイルと組んでピアノの調律と販売を行うクレーン&カイルを設立した。一八八〇年、クレーンが経営から離れ、カイル商会となるが、その広告に初めてピアノ製造業（Piano Manufacturers）の文言が現れる。これを文字どおり受け取るならば、日本におけるピアノ製造の第一号である。

一八八二年、社員だったドーリングがカイル商会を継承して個人経営となり、ピアノの製造を含む総合楽器商として約三〇年間営業を続けた。一八九〇年にはモートリー・ロビンソン商会が設立され、モートリー商会→スウェイツ商会と社名を変えつつ、ドーリングと競い合いながら、ピアノの製造や洋楽器の販売を行った。スウェイツ商会のピアノ製造はおもに中国人技術者が担当していたが、一九一一年六月頃、そのうちの一人、周筱生《しょうせい》が閉店したドーリング商会の資材一切を譲り受けて独立し、周興華洋琴専製所を開業した。「洋琴」とはピアノのことである。一九二〇年、そこで働いていた周筱生の甥、李佐衡《りさこう》が弟の李良鑑とともに李兄弟ピアノ製作所を開設した。

これら欧米系や華僑系の洋楽器メーカーに伍して気を吐いたのが日本人の西川虎吉であった。三味線作りの職人だった西川は、明治九（一八七六）年、横浜に出て来て、最初はクレーンのもとで、引き続きクレーン&カイルのもとで修業し、十六年十一月に調律師として独立した。店は元町四丁目にあった。さらにオルガン製造に取り組み、十七年、国産材料での製造に成功した。浜松の山葉寅楠（ヤマハの創業者）より三年早い。ピアノの製造にも挑戦し、十九年、試作に成功した。これも山葉より三年早い。翌二十年、日ノ出町一丁目に工場を新設・移転し、オルガン製造事業を本格化させた。西川は子息の安蔵をアメリカに留学させ、将来の発展を期したが、安蔵の早世、それに続く虎吉の死によって経営に行き詰まり、大正十（一九二一）

年、山葉が創業した日本楽器製造株式会社に合併された。しかし、その横浜工場となったのちも西川ブランドを維持し、昭和十四（一九三九）年までは、浜松本社のヤマハ・ブランドと併存していた。

西洋家具製作

来日した外国人は家財道具を一式持って来たが、引っ越す際には家ごと競売にかけることが多かった。いわゆる「居抜き」である。例えば、一八六一年十二月三十日、ベーツ医師の依頼で競売業者ショイヤーが行った競売の品目の中には、ベッド、整理ダンス、テーブル、椅子、食事道具一式が含まれていた。使い回していれば修理が必要になる。その需要に応じたのは、山手と山下の両居留地に挟まれる元町の職人たちであり、椅子の革張りを意味する「ばんこ屋」と呼ばれた。この言葉からも分かるように、仕事の多くは椅子の座の張り替えだった。やがて修理にとどまらず、製作に乗り出すものが現れ、その製品は「元町家具」と呼ばれるようになった。

元町家具には二つの系統があった。その一つの小原派には始祖伝説とも言うべきものがある。それによると、開港当時英人ゴールマンが元町の馬具商馬具安こと原安造と箱職人箱安に製作させたのが元町家具の始まりであり、馬具安の一番弟子が小原仁三郎なのだという。ところがよく調べてみると、ゴールマンが横浜で家具店を開業したのは明治十四（一八八一）年のことであり、とても「開港当時」までは遡れない。「箱安」の実名もわからない。この始祖伝説のどこまでが事実なのかは不明と言うほかない。

もう一つの系統を大河原派といい、その中心人物、大河原甚五兵衛の創業は明治五年と伝えられる。三十一年の『横浜姓名録』には大河原甚五兵衛を含めて、元町の「新古西洋家具商」が一五名収録されている。そのうち田辺大五郎・野口錠次郎・小林宗次郎の三人は、十四年の『横浜商人録』では「西洋古着商」と記されていた。居留外国人の家に古着商として出入りするうちに、家具の修理や製造も引き受けるようになったのだろう。これらの人々は大工棟梁のような存在で、そのもとに職方と呼ばれるさまざまな職種の職人が働いていた。時代によって盛衰はあるものの、元町家具の伝統は今日に至るまで脈々と伝えられている。

明治十年代になると、元町家具とは別のタイプの西洋家具が製作されるようになった。それは「雲たなびき、竜が舞い、菖蒲咲き乱れる」と形容されるような、東洋趣味豊かな木彫りの彫刻を施した家具であり、陶器や漆器と並ぶ輸出用工芸品であった。これを「横浜家具」と言う。横浜家具の代表的な製作者が四人おり、「彫刻家具の四天王」と称される。そのうちの二人は自身が彫工であった。高松政吉は彫刻師の流派である後藤本流に属し、明治十年の創業。丹下武三郎は京都で堀田瑞松、大阪で竹本観谷に学び、二十二年横浜で開業した。もう一つは美術商が製作所を開設するタイプである。このタイプに属する篠原芳次郎の品川商会は二十三年の創業、沼島治郎兵衛は二十九年に家具製造所を設け、明治維新後、大名などのパトロンを失って仕事が減っていた宮大工や宮彫師たちを雇って製作に当たった。

大正十二（一九二三）年に起きた関東大震災は、元町家具にも横浜家具にも大きな打撃を与え、立ち直れない人も多かった。しかし、伝統が絶えることはなかった。震災の翌年、東京高等工芸学校（千葉大学工学部の前身）教授だった富沢市五郎と古美術商サムライ商会の野村洋三が三光家具製作所を設立し、元町家具や横浜家具の製作に従事していた職方を動員して、独自のデザインによる洗練された西洋家具を製作した。

サムライ商会で扱った家具　有隣堂所蔵

第九話　スポーツ事始め

永林信実「横浜名所之内　大日本横浜根岸万国人競馬興行ノ図」
明治５年（1872）４月　横浜市中央図書館所蔵

洋式競馬

世界からも日本人社会からも隔離された小宇宙で、多くの国籍の人々が生活していた横浜の外国人居留地、そこでは社交のためにも心身の健康維持のためにも、スポーツや娯楽が特別な意味をもっていた。西洋のスポーツには居留地にもたらされ、そこから日本人の間に伝わったものが多い。

海外でドイツ人が最初に作るのは道路、フランス人はカフェ、イギリス人は競馬場、と言った人がいる。それほどまでにイギリス人の好きな競馬だから、開港後早い時期に行われたはずなのに、その経緯が明らかでなかった。文久元（一八六一）年に洲干弁天社裏で行われたのが最初だという説が信じられていたこともあったが、これは奉行所役人の馬術の練習であって、洋式競馬とは関係がない。

一八六二年五月一、二日の二日間、本格的な競馬会が開かれ、これが最初だと考えられたこともあった。しかし開港から三年後では遅すぎるのではないかと思っていたら、やはりもっと早い記録が発見された。それによると開港から一年二か月後の一八六〇年九月一日、居留地と山手の麓の日本人居住区（現在の元町）を分かつ運河（堀川）が開削された頃、山手と運河の間に半マイルの馬蹄形コースを作って競馬会が行われた。あらぬ方角に走り出したり、主人を振り落とす馬もいたが、愉快な催しだったと記録されている。

一八六二年五月の競馬会はもっと本格的なもので、居留地で発行されていた英語の新聞『ジャパン・ヘラルド』にプログラムと規則が大きく掲載されている。コースは居留地に編入されながらまだ空地だった旧横浜新田（現在の中華街一帯）であった。この年には十月一日と二日にも競馬会が行われた。この競馬会に際してレース・クラブが組織された。しかし、旧横浜新田の造成工事が完了して借地希望者に貸し渡されたために会場を失い、このクラブによる競馬会はこれが最初にして最後となった。その後、イギリス駐屯軍将校の主催する競馬会が、山手の練兵場や根岸の射撃場で開かれるようになる。

恒久的な競馬場を持つことは居留民の悲願だった。一八六四年に幕府が諸外国と締結した「横浜居留地覚書」に競馬場を設置すべき旨の条項が設けられた。一八六六年夏頃から幕府の手で根岸の高台に建設が進められ、同年中に竣工した。ここで最初に競馬会が開催されたのは、翌一八六七年一月十一、十二日のことであった。かくして居留民待望の恒久的なコースが完成したのである。それはまた日本最初の本格的な洋式競馬場であった。日本人はこれを「馬駆け場」と呼んだ。根岸競馬場からは、周囲の田園地帯の向こうに風光明媚で知られた根岸湾を見渡すことができ、その先に房総半島や三浦半島、さらに富士山まで望むことができた。イギリスで一番美しいグッドウッド競馬場より美しいと言われた。

競馬会を開催するクラブにはいろいろと変遷があったが、明治十三（一八八〇）年四月、日本人を含む日本レース・クラブが組織された。日本名を日本競馬会社という。日本側では皇族や政府高官が会員となった。同年六月七〜九日、このクラブ最初の競馬会が開催され、明治天皇からも賞品の寄贈があった。これがのちの天皇賞のルーツとなった。明治天皇は計一三回ここを訪れた。

明治三十九年、ニッポン・レース・クラブ・ゴルフィング・アソシエーションが設立され、根岸競馬場内にゴルフ・コースが設けられた。残念ながら、これは神戸の六甲山に開設されたコースより三年遅い。

根岸競馬場も関東大震災で被災したが、モーガンの設計で立派なスタンドが再建された。長らく日本の競馬界をリードしてきた根岸競馬場だが、昭和十八（一九四三）年からは日本海軍、敗戦後の二十二年からは米軍の管理下に置かれた。四十四年、スタンド以外の土地が返還され、横浜市の根岸森林公園と日本中央競馬会の根岸競馬記念公苑として整備された。五十二年には競馬記念公苑内に「馬の博物館」が建設された。五十七年、スタンドも返還され、現在その一部（一等馬見所）が保存されている。その裏手にはモーガンの設計図や竣工直後の写真をプリントしたパネルが設置されている。

水上スポーツ

一八六二年九月の生麦事件以来、攘夷派浪人による居留地襲撃の噂が絶えなかった。翌年七月以降、居留地防衛のため山手にイギリスとフランスの軍隊が駐屯するようになるが、襲撃事件は実際には起きなかったので、調練の名目でスポーツに明け暮れていた。彼らが熱中したスポーツにボートやヨットがあった。一八六三年十月五日と六日、英仏駐屯軍将兵が中心となり、居留民も参加して、グランド・ヨコハマ・インターナショナル・レガッタという大げさな名前の水上競技大会が開かれ、初日にはボート競技、翌日にはヨット競技が行われた。

ボート競技の主体は当初軍人だったが、居留民の団体も結成されるようになり、一八七五年までに横浜アマチュア・ローウィング・クラブ（ＹＡＲＣ）に統合された。ＹＡＲＣのボートハウスは最初海岸通り十一番地にあり、その後あちこち移転したのち、明治十三（一八八〇）年、フランス波止場に定着した。翌十四年三月二十四日、そこに新しいボートハウスがオープンした。おもしろいことに、三十五年十二月、ボートハウスで卓球（ピンポン）のトーナメント戦が行われている。冬の間、施設を有効利用するためだろうか。この年にはイギリスでピンポン協会が設立され、また日本に卓球が伝わった年ともされているから、きわめて早い例の一つだと言える。

ボート競技は御雇外国人教師によって東京大学の学生の間にも広められ、明治十八年十一月

横浜カヌー・クラブ　ベース・キャンプのあった富岡で休息する会員たち。横浜開港資料館所蔵

三日、横浜で東大とYARCの対抗戦が行われた。日本初の国際試合である。結果は横浜チームの勝ち、大学チームはいつも川で練習しているので海は苦手だったという。

水泳競技は一八六五年以降、居留地の沖合に設置された海水浴ボート（海の家が浮かんでいるようなもの）を拠点に行われていたが、水泳の愛好家とボートの愛好家は重なっていたようで、水泳競技もYARCの手で行われるようになる。

明治三十一年八月十三日、YARCに東京浜町河岸で水府流太田派の水練場を開いていた太田捨蔵の門弟たちが対抗戦を申し入れ、日本初の国際試合が行われることになった。水府流太田派というのは太田捨蔵が水戸藩に伝わる古式泳法に改良を加えたもので、当時かなり広く普及していた。ＹＡＲＣは海水パンツ、太田派はふんどしのいでたち、結果はみごと太田派の勝利となった。翌年隅田川で行われたリターン・マッチでも太田派が勝利を収めた。ＹＡＲＣはアマチュア、太田派はセミプロと考えれば不思議はない。

以上はすべて港内で行われるスポーツだが、明治六年に設立された横浜カヌー・クラブは根岸湾一帯で周遊を楽しんだ。当時の写真を見ると、カヌーには帆が付いていて、帆走できたようだ。クラブは富岡（金沢区）にベース・キャンプをもっていた。ヨット・レースは当初ボート・レースに付属して行われていたが、十九年に横浜セイリング・クラブ（のち横浜ヨット・クラブと改称）、二十九年にはモスキート・ヨット・クラブが組織され、後者は富岡にクラブ・ハウスを作った。

クリケット

一つのボールをめぐって選手たちが死力を尽くし、世界中が沸き返る、球技は不思議な魅力をもったスポーツだ。球技には無数の種類があるが、大雑把に言えば、ボールを手で扱うものと足で扱うものに分かれる。現在の球技の原型はほとんどイギリス人の考案したものであり、イギリスで人気が高いスポーツは、前者はクリケット、後者はサッカー、そのどちらもイギリス人によって横浜の外国人居留地にもたらされた。クリケットは野球に似たスポーツで、日本では野球が盛んになったのでなじみがないが、一一人ずつ二組のチームが攻守に分れ、ボールをバットで打ち、二か所にあるウィッケット（木製の小さな三柱門）の間を走って得点を争うゲームである。

横浜で最初に行われた球技もクリケットだった。一八六三年春、イギリスは生麦事件の犯人の処罰と賠償金の支払いを求めて日本側に最後通告を発し、横浜に軍艦を集結した。八月には鹿児島に向けて出航し、薩英戦争が起こる。その直前の六月か七月頃、束の間の時間を利用して、軍艦の乗組員と居留民がクリケットの試合を楽しんだ。緊迫した情勢下だったので、水兵がグラウンドを取り囲み、選手も拳銃を携えてプレイした。

その後も駐屯軍や寄港軍艦の乗組員たちはクリケットをしていた。やがて居留民によるクラブができる。一八六八年、横浜クリケット・クラブ（ＹＣＣ）が結成され、後に新埋立居留地と呼ばれることになる造成地の一画、二六五番地（現在横浜中央病院の辺り）にグラウンドを設けた。もとは沼地だったのでスワンプ（沼地）・グラウンドと呼ばれた。外野には石や藪の残る悪条件のグラウンドだったが、それでも一八六九年から一八七一年にかけて、このグラウンドでＹＣＣとイギリス駐屯軍第一〇連隊の将校チームとの間で好ゲームが行われたという。

一八六六年末の大火で焼失した遊郭の跡地に公園を造成することになった（現在の横浜公園）。ＹＣＣはこれを絶好の機会と捉え、そこに新しいグラウンドを設ける計画を立てた。明

横浜公園でのクリケットの試合　『風俗画報』257号（明治35年＜1902＞10月）より。　横浜開港資料館所蔵

治五（一八七二）年、クラブにグラウンドの使用が許可されたが、クラブは日本側と話し合いが整うのを待たずに芝生を植え始め、六月に完了して費用の半額を日本側に要求した。条件の悪いスワンプ・グラウンドで我慢していただけに、素晴らしいグラウンドを得た喜びは理解できるが、なんとも性急で乱暴なやり方だ。

横浜公園の維持管理の方法についてはいろいろ議論があったが、明治十一年、神奈川県が管理し、グラウンドはYCCに有料で貸与されることになった。このグラウンドを陸上競技の横浜アマチュア・アスレチック・アソシエーション（YAAA）、横浜フット・ボール・アソシエーション（YFBA）、横浜ベース・ボール・クラブ（YBBC）も利用するようになる。明治十七年、YCCを核としてこれらの団体が合併し、横浜クリケット&アスレチック・クラブ（ＹＣ&ＡＣ）が結成された。現在の横浜カントリー&アスレチック・クラブの前身である。

ラグビー

イギリス軍将兵はクリケットとともにフットボールも行っていた。一八六六年一月二十六日、イギリスの軍人と居留民がフットボール・クラブを設立するための会合を開いた。しかし、このクラブによる試合の記録は乏しく、実態はよくわからない。この「フットボール」がラグビーなのかサッカーなのかもはっきりしない。試合の記録は明治六（一八七三）年になってやっと現れる。この年に行われた試合の模様がイギリスの新聞『グラフィック』に掲載され、プレイヤーの一人が描いた絵が添えられている。絵には横浜フットボール・クラブを示す「ＹＦＣ」の旗が描かれている。またこの絵によって、この試合はラグビーだったことがわかる。試合はイングランド対スコットランド・アイルランド連合軍の間で行われた、というと大げさに聞こえるが、居留民を出身地別に二つのチームに分けたのである。同じ年の十二月十七日、イギリス領事館員と軍人からなる公務員チームと居留民チームの試合が行われた。出場者が双方一五人だったことからみて、この試合もラグビーだったと考えられる。

翌明治七年十一月十九日、横浜フット・ボール・アソシエーション（ＹＦＢＡ）が設立された。設立メンバーは前年のフットボールで活躍した人々とだいたい重なっている。つまり、ＹＦＣと別にＹＦＢＡが設立されたのではなく、再組織されたものであった。スポーツ・クラブの大合同後はフットボールも横浜クリケット＆アスレチック・クラブで行われるようになる。

横浜で行われたフットボール　『グラフィック』1874年4月18日号より。　横浜開港資料館所蔵

横浜ベーカリーと言えば、横浜の居留民にはなじみの深いパン屋だった。経営者のロバート・クラークの子息エドワードはイギリスのケンブリッジ大学に留学した。明治三十二年に帰国したが、パン屋は継がず、慶応大学の教師になり、ラグビーを学生に教えた。慶応チームは三十四年十二月七日、横浜に遠征、ＹＣ＆ＡＣと対戦し、五対三九で大敗した。以後毎年のように対抗戦が行われ、四十一年十一月十四日、第一一回戦で初勝利を挙げるまで、体力で劣る慶応チームは連戦連敗だった。

サッカー

YFBAが取り組んだことの一つはサッカーの導入だった。クラブ結成直後の明治八（一八七五）年正月十四日に行われた長老組（横浜在住三年以上）と若手組の試合は、一一人制であることとゴール・キーパーの記載があることから、サッカー・ルールで行われたことがわかる。結果は一対ゼロで長老組の勝利だった。これは横浜でサッカーが行われたことを示す最初の記録であり、メンバー表と試合の経過と得点が記された日本最初のサッカーの試合の記録である。

日本人の間では、サッカーは東京高等師範学校（いわゆる高師）で盛んになった。のちに「サッカーの宗家」と称されるようになる高師チームだが、初めのうちはなかなか上達しなかった。そこで「方今我が邦に於て此の技の牛耳を取れるもの、横浜アマチュア倶楽部を措きて他に求む可からず」「実地戦闘の術を究めずんばフットボールの事遂に語るに足らず」「勝たば隆々の名を博し、敗るも恥にあらず、況んや志気を鼓舞し、将来発展の資となること鮮少にあらざるに於てをや」（同校『校友会誌』第四号）という意気込みでYC&ACに対戦を申し入れ、明治三十七年二月六日、横浜で試合が行われた。結果は〇対九で高師チームの大敗に終わった。この後、毎年のように対戦し、四十一年に初めて勝利するまで、高師の敗北が続いた。

YC&ACはこの頃、横浜二世の活躍で戦力が強化されていたので、ラグビーでもサッカーでも日本の学生チームは歯が立たなかったのだが、これらの試合が「将来発展の資」となったことは疑いない。

野　球

野球は横浜と東京のアメリカ人の間で同時に盛んになった。野球を始めたのは、横浜では領事館員や居留民と寄港軍艦の乗組員、東京では開成学校（現在の東京大学の前身の一つ）や英語学校のアメリカ人教師と学生であった。スコアの判明する最初の試合は、一八七一年九月三十日、横浜の居留民とアメリカ軍艦コロラド号の水兵の間で行われた。場所はYCCのスワンプ・グラウンド、悪条件のグラウンドだったと伝えられるが、日本最初の野球の試合が行われたことによって記念すべき場所となった。結果はコロラド号チームが一四対一一で大勝した。コロラド号は太平洋横断定期航路の第一号船として名高い太平洋郵船の貨客船だが、この時は朝鮮遠征のため海軍に徴用されていた。

明治九（一八七六）年は日本の野球史にとって記念すべき年になった。最初の試合は初夏の頃、東京で横浜・東京混成の外国人チームと開成学校の学生チームが対戦した。外国人チームはアンパイアを出したので人数が足りなくなり、センター抜きの八人で対戦したが、それでも三四対一一で勝利を収めた。これが日本最初の国際野球試合である。

野球を楽しむ自由の鳥たち　居留民とテネシー号チームの野球の試合。『ジャパン・パンチ』1876年9月号より。　横浜開港資料館所蔵

第二試合は九月二日、横浜のクリケット・グラウンドで、横浜・東京混成の外国人チームとテネシー号など三隻のアメリカ軍艦選抜チームの間で行われ、女性のための観客席を設けたり、テネシー号の軍楽隊を招くなどして試合を盛り上げた。当日は好天に恵まれ、約二〇〇人の外国人、四～五〇〇人の日本人が見物に押しかけた。試合は白熱のシーソーゲームとなり、九回裏に軍艦チームが同点に追いついて延長戦に突入、一〇回表、横浜・東京混成チームが四点獲得、その裏の攻撃を一点に押さえ、二九対二六で勝利を収めた。勝利投手は宣教医ヘボン博士の子息サムエルだった。

横浜では試合を重ねるごとにクラブ結成の気運が高まり、明治九年十月二十日、横浜ベース・ボール・クラブ（YBBC）が発足した。この年の半ば過ぎには、アメリカで機関車製造法を学ぶかたわら野球

を覚えた平岡熈《ひろし》が帰国、さっそく三崎町（現在東京都千代田区）の練兵場にグラウンドを設け、社会人や学生の同好者と野球を始めた。明治九年には外国人チーム、学生チーム、社会人チームの原型が出揃ったことになる。

アメリカ人教師によって開成学校に伝えられた野球は、その後身の第一高等学校（いわゆる一高）に引き継がれた。明治二十九年五月二十三日、一高チームはＹＣ＆ＡＣと横浜で対戦し、二九対四で大勝した。六月五日にリターン・マッチが行われ、やはり一高が三二対九で大勝している。リターン・マッチには、横浜商業学校（現在の横浜商業高等学校、いわゆるＹ校）の生徒が大挙して一高の応援に駆けつけた。大勝した一高は、一本のバットと二個のボールをプレゼントし、これがＹ校で野球熱が高まるきっかけになったという。ＹＣ＆ＡＣとしてはこれで引き下がるわけにはいかなかった。アメリカ軍艦オリンピア号から援軍を得て、七月四日、三回目の対戦を行い、激戦の末一四対一二で雪辱を果たした。かつてはこれが「我国に於ける野球国際競技の始め」とされたこともあるが、いくらなんでもそんなに遅いわけがない。「最初の国際試合」ではないとしても、横浜にとって記念すべき試合であった。全国に野球が広まるきっかけともなった。

普段着でテニスを楽しむ女性たち　『横浜インターナショナル・テニス・コミュニティ 130年のあゆみ』より。横浜山手・テニス発祥記念館の展示。

テニス

イギリスでは男女分権と称して、家の外は男、家の中は女の領分とされていた時代に、自宅の庭で女性もできるスポーツとして普及したのがテニスだった。「庭球」という訳語はよくその特徴を捉えている。横浜でも一八七六年にはすでにテニス好きの女性たちによってクラブが組織されており、山手公園にコートを設けた。もちろん日本最初である。

一八七七年、ウィンブルドンのオール・イングランド・クロッケー・クラブにテニスが取り入れられ、クロッケー&ローン・テニス・クラブと改称された。ここで規則やコート、ボールなどがほぼ現在のかたちに改良され、七月に最初の全英選手権大会が開催された。横浜のクラブはさっそくそれを取り入れ、クラブの名称もレディズ・ローン・テニス&クロッケー・クラブ（LLT&CC）と定めた。テニスをクロッケーの前に持ってきた点で、少なくとも名称に関しては本国のクラブの先を行っていた。

山手公園は居留外国人のための公園として開設されたが、居留民は借地料を捻出するのに苦しんでいた。そこで、地代を値下げしたうえで、ＬＬＴ＆ＣＣが賃借して公園の管理に責任をもつことになり、一八七八年七月一日、正式に許可された。ＬＬＴ＆ＣＣは女性主体のクラブだったが、男性もプレイすることはできた。のちには会員になることもできるようになる。

昭和五十三（一九七八）年、ＬＬＴ＆ＣＣの後身に当たる横浜インターナショナル・テニス・クラブ（現在は横浜インターナショナル・テニス・コミュニティ）によって「日本庭球発祥之地」の碑が建てられた。碑は山手公園を入ってすぐ左手にあり、テニスコートを整備する石のローラーを削った面に、元デビスカップ代表選手、安部民雄の揮毫した文字が刻まれている。平成十（一九九八）年には、公園内に横浜山手・テニス発祥記念館が設立され、公園とテニスの歴史が展示されている。

射撃競技

元治元（一八六四）年、イギリス公使は自国軍隊のために射撃場を設けることを要求した。幕府はこれを受け容れて、翌慶応元年三月、根岸村字立野《たての》に射撃場用地を貸与した。弾道は現在の大和町商店街、着弾地は現在の立野小学校の辺りにあった。日本人はこれを鉄砲場とも角打場とも呼んだ。

イギリス側は射撃場を設ければ日本軍の役にも立つと言って、土地を無料で借りていた。その手前もあったのだろう、自国軍隊のためだけではなく、居留民や日本人の利用にも開放する方針を採った。さすがに国民皆兵の国スイスの人々が素早く反応して、この年のうちにスイス・ライフル・クラブを結成した。これはスイス人だけのクラブだったので、これとは別に多国籍の横浜ライフル・アソシエーションが組織された。

この射撃場には幕府や明治政府の高官が興味を示し、たびたび視察に訪れた。明治五（一八七二）年十月十五・十六日に行われたスイス・ライフル・クラブの大会には村田銃の創案で名高い村田経芳《つねよし》が参加し、三種目ですべて最高点をマークした。彼らが射撃大会に興味を示したのは、東京に射撃場を設ける計画があったからである。七年、戸山に陸軍の射撃場が設けられた。八年にイギリス軍が撤退したのにともない、翌年、射撃場の土地は日本政府に返還されたが、射撃場は存続し、神奈川県令の計らいで、引き続きスイス・ライフル・クラブや横浜ライフル・アソシエーションに使用が認められた。

日本人の間では、射撃は上流階級の間で狩猟として普及した。明治二十一年五月三十日、横浜放鳥射撃会の発起人総会が開かれ、会長に有島武、副会長に吉田健三、幹事に矢野祐義が選ばれた。会長の有島武は横浜税関長で、有島武郎、生馬、里見弴の芸術家三兄弟の父。副会長の吉田健三は元ジャーディン・マセソン商会番頭の実業家で、のちの首相吉田茂の義父。幹事の矢野祐義は弁護士、のち横浜弁護士会長、市会議長。唯一の外国人として画家のワーグマンが発起人に名を列ねている。七月十五日に第一回大会を開催した。

陸上競技大会

本格的な陸上競技大会は一八六四年五月五・六日、「横浜フィールド・スポーツ」と銘打って、イギリス軍将兵を中心に行われた。会場はイギリス領事館付属監獄のグラウンド（現在加賀町警察署の向かい、山下町一五五番地の辺り）であった。徒競走、高跳び、棒高跳び、ハンマー投げ、三段跳びなどと並んで、重装備行軍競争、目隠し徒競走、サック・レース（麻袋に両足を入れて跳ぶ競争）といった珍しい競技もあった。同年十一月十七日には、イギリス海兵隊主催の競技会が山手の練兵場で開かれ、居留民は観客として招かれた。試合終了後、将校集会所で舞踏会が開かれている。男性の居留民にとっては、女性の参加する舞踏会のほうが競技会より楽しかったかもしれない。

居留民による陸上競技クラブ結成の動きも一八六九年には始まっており、資金集めや競技場の場所探しが行われた。一八七一年十月十一日、神戸レガッタ&アスレチック・クラブと対抗戦が行われた。横浜にもクラブがあったボート競技は互角の戦いだったが、陸上競技は横浜チームの惨敗に終わった。雪辱のためにもクラブの結成が望まれていた。

競技場をどこに設けるかが問題だった。選択肢は造成中の横浜公園か、射撃場か、そのどちらかだった。結局、イギリス軍に貸与されている射撃場の方が面倒な手続きが不要、ということで射撃場が選ばれ、一八七二年十二月二十六日、横浜アマチュア・アスレチック・アソシエーション（YAAA）が結成された。クラブの要請で射撃場の東側が陸上競技のために拡張され、明治六（一八七三）年十一月十五日、そこに設けられたトラックで最初の競技会が開催された。

難産の末に誕生したYAAAだが、その前途は順風満帆というわけにはいかなかった。問題の一つは競技会の出場者が少なかったこと、もう一つは、射撃場はもともと水田だったので地盤が悪く、しかも居留地から離れていることだった。明治七年四月には早くも横浜公園に移転できないかどうか、検討が始まっている。十三年、YAAAからの要請により、YCCがクリケット・グラウンドの周りにトラックを設けた。両方のクラブに入っている人も多く、競技会が同じ日に重なった時など、射撃場では遠くて掛け持ちできないから、というのが理由の一つだった。「そこまでするか」と言いたいくらいのスポーツ好きが何人もいたようだ。

「タイミング良く」というと変だが、この年の秋の競技会の直前、台風で射撃場のグラウンドは大きな被害を受け、修復にかなりの費用が見込まれた。そこで秋の競技会はクリケット・グラウンドで十一月六日に行われた。こうした経緯を受けて、十二月十六日の総会で、クラブを解散し、基金や財産はYCCに寄贈、土地は日本政府に返却することが決議された。クラブは十六年に一旦復活したものの、翌十七年のスポーツ団体の大合併に際してＹＣ＆ＡＣに合流した。

スケート

冬のスポーツとしてスケートも早くから行われていた。一八六二年にはすでに石川の崖下(現在ＪＲ石川町駅付近)にスケート場が設けられたが、砂利や砂が落ちてきてダメになってしまった。明治五（一八七二）年の冬、意外なことからスケート熱が再燃した。山手の麓、元町の脇の堀川の拡幅と浚渫が行われることになり、流れを堰き止めるために二つのダムが築かれたが、そのダムの間に氷が張ってスケートができたのだ。再燃したスケート熱を受け止めたのは結成間もないＹＡＡＡだった。七年正月、射撃場の運動場の近くにスケート・リンクを作った。しかし、運悪く、想定外の暖冬で使い物にならなかった。しかもスケート・リンクを作ることが一部の会員だけで決められたことに批判が出て、このリンクは廃止されてしまった。

ＹＡＡＡが捨てた旗を拾ったのは、おそらくそれを見ていた射撃場周辺の日本人農民だった。明治九年正月、根岸村字立野の青木安兵衛らが射撃場の端の運動場のそばに小さなリンクを造った。外国人たちは「狭い」とか「手入れが悪い」とか文句を言いながらも、これを利用していたようだ。十一年末、スケーティング・クラブが組織された。この年は小石混じりの射撃場脇の水田の代りに、再び石川の崖下が選ばれた。しかし、その後射撃場脇の水田のリンクも改良されたらしい。四十三年、射撃場跡地は民間に売却され、宅地開発が進んだので、長年外国人に親しまれてきたスケート・リンクにも終止符が打たれた。宅地開発の中心になったのはワイシャツの製造で名高い大和屋で、ここに縫製工場を建てた。それにちなんで開発地は大和町と名付けられた。ＪＲ山手駅前に「山手駅周辺の昔の姿」というパネルが設置されており、射撃場やスケート・リンクなど、大和町にまつわる歴史が記述されている。

第十話　洋学事始め

恵斎芳幾「仏蘭西　和蘭　いこくことバ　らんご」万延元年（1860）12月
横浜市中央図書館所蔵

最初は単語集から

英語に対する関心が高まったのは、ペリー提督率いるアメリカ艦隊の来航時であった。にわかに高まった英語への関心を、抜け目のない瓦版作者が見逃すわけはなかった。さっそく一枚刷りの「あめりかことは」なる単語集が出回った。それには「めてたい事をきんぱ」「うれしい事をさんちよろ」に始まるものと、「てゝおやの事をおらんへーと云」「はゝおやの事をめらんへーと云」に始まるものと二つのタイプがあったが、どちらも内容はまったくデタラメ。開港後にも「異国言葉」と題する一枚刷りの瓦版が出回った。「日の事をぞん」(zon)「つきの事をまあん」(maan)などというように、最初は英語ではなく、日本人になじみの深いオランダ語であった。

新開港地である横浜を紹介する平易な案内記も出版され、それにも単語集が添えられていた。もっとも早いのは文久元(一八六一)年の『港益代古浜《こうえきよこはま》便覧』、元治元(一八六四)年の『西洋横はまみやげ』あたりから比較的正確になる。『西洋横はまみやげ』の末尾に「異国言《ことば》并蘭文字」という項目があって、「おもふ　トウシン」(to think)、「物書　トウライト」(to write)などと記されており、ようやく英語らしくなった。他方、「うりかいはたん(売買破談)をぺけ」などという国籍不明の言葉も見えている。一説によるとマレー語のpergiが原語だという。また、「やすみ日をどんたく」はオランダ語のzondagが訛ったもので、ここから「半ドン」(土曜日)、「ヨイドン」(日曜日の前夜)といった和洋折衷の言葉も生まれた。

かなりレベルの高い英語の単語集も出版された。江戸の宝善堂が出版したもので、『商貼外和通韻便宝』(内題は『和英接言』)といい、序文の日付は万延元(一八六〇)年二月、日本文字は「幕末の三筆」の一人、書家の巻菱湖《まきりょうこ》、「洋書調所改」となっている。坂本竜馬が組織し、海運と貿易に従事した土佐の海援隊が、竜馬の死後出版した『和英通韻以呂波便覧』(明治元年三月序)は本書の海賊版だが、現在ではこの方がよく知られている。文久元年正月には、神奈川奉行所の通詞、石橋助十郎(政方)が『英語箋』を出版した。

会話書の登場

さまざまな分野で会話の必要性も高まった。日本最初の日英会話書は、アメリカから帰国した日本人漂流民、ジョン(中浜)万次郎が安政六(一八五九)年に出版した『英米対話捷径』とされる。横浜での第一号は文久元(一八六一)年末頃、ヴァンリードが師岡屋伊兵衛(日新堂)から出版した『商用会話』であった。翌年には『和英商話』と表題を変えて再版されている。著者のヴァンリードは、ジョン万次郎同様、アメリカから帰国した日本人漂流民、ジョセフ・ヒコのアメリカ以来の友人で、来日前から日本語を学んでいた。

キリシタン禁制下に来日したキリスト教の宣教師たちは、将来の布教に備えて、日本人と付き合うにも、聖書を翻訳するにも、まず日本語の学習が必要だと考えた。その成果は早くも文久三年、S・R・ブラウンが出版した『日英会話篇』となって現れた。『日英会話篇』について、明治・大正期の商業英語の第一人者、勝俣銓吉郎は「明治以前の会話書中の白眉であるばかりでなく、また明治時代否大正の今日の会話書と比較して翻訳振に於て殆ど遜色がない」(『英語青年』三〇巻九号)と高く評価している。さらに、ブラウンは明治八(一八七五)年、トマス・プレンダガストの教授法を日本語と英語に応用した『プレンダガストのマスタリー・システム』を著し、横浜のウェットモア商会から出版した。語句を入れ換えながら繰り返し発音させ、発音と同時に文法を教えるもので、この方法は今日も活用されている。

これらの会話書で英語を学んだ人も多かっただろうが、日常的には「とにかく用が足りればいい」という程度の英語も使われていた。それらを「ピジン(pidgin)・イングリッシュ」と言う。「ビジネス(business)・イングリッシュ」が訛った言葉で、人力車夫が使うという意味で「車屋英語」とも呼ばれた。「ねだん(値段)きくをはまち」(How much ?)といった具合に、耳から入った英語をそのまま言いやすく発音したものである。「ピジン・ジャパニーズ」も存在した。You→Oh my(おまえ)、Bad→Worry(悪い)、Church→Oh terror(お寺)というように、日本語を発音の似た英語に置き換えたもの。ホモコ僧正(Homoco＝横浜郊外の本牧《ほんもく》のこと)という筆名の著者がそれらをまとめた『横浜方言集』が出版されている。

『和英語林集成』とヘボン式ローマ字

ヘボンもブラウン同様、来日以来、日本語の学習に励んだ。『和英語林集成』はその成果を集大成したもの。日本では印刷がむずかしかったので、助手の岸田吟香とともに上海へ渡り、美華書院で印刷した。ひらがなとカタカナは吟香が版下を書いて活字を鋳造した。表題も吟香が考えた。最初は「詞林（＝四厘）集成」だったのを、一厘値上げして「語林（＝五厘）集成」に変えた、と日記に書いている。一八六七年四月に完成し、横浜のキャロル商会から販売された。

文化十一（一八一四）年、長崎のオランダ語通詞、本木庄左衛門（正栄）らが、出島のオランダ商館長ブロムホフから教授を受けて編集した『諳厄利亜《あんげりあ》語林大成』以来、いくつかの英語辞書が出版されている。とくに、万延元（一八六〇）年の遣米使節に随行した福沢諭吉とジョン万次郎が持ち帰った『ウェブスター辞書』を基に堀達之助らが編集し、文久二（一八六二）年、幕府の洋書調所が出版した『英和対訳袖珍辞書』が名高く、一般にはこれが「我国最初の英和辞典」とされている。したがって『和英語林集成』が日本最初の英語辞典というわけではないが、本格的な和英辞典としては最初のものであった。

ヘボンは日本語をアルファベットで表記するのに試行錯誤を重ねた。『和英語林集成』の各版で少しずつ違っている。明治十八（一八八五）年に、ローマ字の研究と普及のために「ローマ字会」が設立され、会員の矢田部良吉が『和英語林集成』を参考に『羅馬字早学び』を著した。ヘボンはその趣旨に賛同して第三版にそれを取り入れた。これがヘボン式ローマ字と呼ばれるようになる。ヘボン式は英語の発音を基に日本語を表そうとしたものであった。それに対して田中館愛橘《たなかだてあいきつ》らは日本語の五十音表を基とする表記法を考案した。これが内閣訓令第三号で官庁用に採用されたことから、訓令式と呼ばれる。昭和十二(一九三七)年、日本語の音を異なる言語の文字で表すのだから、いずれにしても完全なものではないが、ヘボン式の方が外国語となじみやすいことは確かだ。訓令式では外国人に通じないため、駅名や道路名のローマ字表記は現在もヘボン式を基本としている。小学校で訓令式を教えてから中学校で英語を教えるので、英単語を訓令式で読んだり、綴ったりしてしまう弊害もある。今後もヘボン式が廃れることはないと思う。

宣教師ゴーブルの英語塾

宣教師たちが日本人と接する方法の一つは英語を教えることだった。日本人を対象に最初に英語塾を開いたのは、バプテスト派宣教師のゴーブルであった。一八六二年初頭、神奈川から横浜居留地一一〇番地に移ったゴーブルは、隣の一〇六番地で日本人対象の英語塾を開いた。エリザ夫人も中国人相手の夜間クラスを開講している。職業人対象の夜学の語学塾はこれが最初であった。布教の意図もあっただろうが、自給宣教師だったので収入を得る必要もあった。

アメリカの南北戦争で寄付金が届かなくなっており、ゴーブルは靴直しや大工仕事、エリザ夫人も洋裁で生活費を稼がなければならなかった。

ヘボン塾とバラ学校

ヘボンは自給宣教師ではなく、生活費はミッション（宣教団体）本部によって保証されていた。英語塾を開いたのには別のきっかけがあった。それは意外にも神奈川奉行からの要請であった。一八六二年十月頃、神奈川から横浜へ移転する直前のヘボンに、幕府の委託生九名に幾何と化学を教えてほしいという依頼があった。そのなかには大村益次郎（当時の村田蔵六）や原田一道、沼間《ぬま》守一がいた。教えてみると、学生たちはすでに蘭学を通じて相当な知識を持っていたので、英語の教授に絞ったという。

ゴーブル夫人もそうだが、英語教育の分野では宣教師の夫人たちが活躍した。ヘボン夫人クララはペンシルベニア州のノリスタウン・アカデミーで教えた経験があった。一八六一年六月二十二日付のヘボンの手紙によると、その頃、クララは二人の少年に英語を教え始めていた。クララの英語塾は一八六三年末頃から本格的なものになった。十一月、まず林董《ただす》三郎（のち董）が英語を習い始めた。翌年には仙台藩の高橋是清、鈴木六三郎、木村大三郎の三人が入塾している。林はのち外相に、高橋は首相になっている。三井物産会社を創立した益田孝、東京

ヘボン塾の生徒たち　明治７～８年（1874～75）頃。ヘボン邸中庭での撮影。　横浜開港資料館所蔵

大学医学部長となった三宅秀《ひいず》もここで学んだ。

明治八（一八七五）年九月、ヘボンは聖書の日本語訳に精力を注ぐため、男子学生たちを長老派教会の宣教師、ジョン・バラに委ねた。これ以降ヘボン塾の男子部はバラ学校と呼ばれるようになる。女子部は引き続きクララが担当していたが、翌九年四月、体調不良を理由に閉鎖され、一三年に及ぶ歴史に幕を下ろした。バラ学校は十三年、築地に移って築地大学校となり、十六年に先志学校と合併して東京一致英和学校、さらに二十年に東京一致神学校とともに白金に移って明治学院となった。明治学院はクララが本格的にヘボン塾を始めた一八六三年を創立の年としている。

キダー塾とフェリス英和女学校

一八六九年八月二十七日、再来日したＳ・Ｒ・

ブラウンとともに、オランダ改革派教会の女性宣教師としてキダーが来日した。キダーは翌年九月二十一日からヘボン塾で男子四人、女子三人のクラスを受け持つようになった。一八七一年九月には、女生徒のみ一二名のクラスに改組された。女生徒のみの英語塾はこれがもっとも早い。十一月、ヘボン夫妻は『和英語林集成』第二版の出版のため上海へ渡ったが、キダーは留守宅を借りて授業を続けた。やがてキダー塾の声価は高まり、神奈川県権令大江卓の夫人も生徒になった。翌年七月にヘボンが帰国した際、大江の世話で野毛山の県官舎の一画に教室を得て独立した。

キダー塾は明治七（一八七四）年十月、山手一七八番地に土地を得て校舎を新築し、翌八年六月一日、開校式が行われた。校名はオランダ改革派教会伝道局の初代総主事にちなんで、アイザック・フェリス・セミナリー（日本名は布恵利須英和女学校）と名づけられた。その後身のフェリス女学院は、キダーがヘボン塾でクラスを持ち始めた一八七〇年九月二十一日を創立の日としている。

神奈川奉行所の通訳と英学所

神奈川奉行は現在の税関に当たる仕事とともに、外務省出張所のような仕事もしていた。そのどちらでも通訳の働きが欠かせなかった。その役割を果たしたのは、石橋助十郎を筆頭に太田源三郎、子安鉄五郎（峻）、佐波《さわ》銀次郎（通任）といった人々であり、外国奉行翻訳方から派遣された。石橋は長崎の元オランダ語通訳、太田は元中国語通訳であった。

神奈川奉行所は通訳を養成するための英学所を開設した。文久元（一八六一）年十月中、運上所近隣の官舎の一軒を使用し、通訳のうち「熟達之者」を教師として学習が始められた。「熟達之者」とは石橋助十郎や太田源三郎らであった。石橋の著作『英語箋』などがテキストに用いられたのではないだろうか。

一八六三年七月頃からS・R・ブラウンらの宣教師たちが教育に参加するようになり、『日英会話篇』も教科書として使用された。オランダ改革派のジェームズ・バラ、長老派のタムソンの両宣教師も教師として招かれたほか、ヘボン夫人クララも教えた。元治元（一八六四）年五月頃、英学所が正式に開校した、ということはそれ以前は仮学校だったのだろう。「正式」というのは、ヘボンやブラウンと契約が締結されたことや、それを幕府が承認したことを意味するのではないだろうか。キリシタン禁制下でキリスト教の宣教師が幕府の設立した学校の教師に招かれるというのもおかしな話だが、「博識之聞え有之候米人」という奉行の言葉が本音を伝えていると思う。ヘボンの場合ヘボン塾での実績があり、ブラウンについても、弟子の井深梶之助が「凡ての点に就いて世に稀なる良教師」と言っている。奉行所の役人たちもそれを認める柔軟性を持っていたのだと思う。

一八六六年初頭には英学所拡張の動きがあった。しかし、長州戦争が始まると、上級生たちが軍務に動員されてしまい、宣教師たちも引き上げてしまった。こうして開店休業状態のまま、同年末の大火で焼失した。再建を模索する動きもあったが、幕府が崩壊するなかで陽の目を見ることなく、短命ながらユニークな歴史を閉じたのだった。

神奈川県庁の通訳官

明治維新後、神奈川奉行所の仕事は神奈川裁判所（県庁の前身）に引き継がれた。初期には外国奉行の仕事を引き継いだ外国官（外務省の前身）と重なり合う部分があり、通訳の果たす役割は依然として大きかった。神奈川県の通訳官には何幸五《かこうご》や蔡慎吾、林道三郎など、長崎の「平民」に出自をもつ人が多い。長崎の港や町の運営に携わっていた町民身分の人たちのことで、地役人とも呼ばれていた。

星亭は少年期を横浜で過ごし、英学所で英語を学んだ。県知事に就任した陸奥宗光の推薦で明治五（一八七二）年、通訳に登用され、のち横浜税関長も務めた。後に自由党の有力者となったことはよく知られている。榊原保太郎は「静岡県下農」の出身、四十五歳で従事試補席通弁官という低い地位からスタートし、順調に昇進して、十三年には外事課長に就任した苦労人だった。

内外人の語学塾

明治時代になるとさまざまな人が語学塾を開くようになった。第一号は中屋徳兵衛の中徳社中、明治四（一八七一）年正月に開校した。中屋徳兵衛とは、幕末にヘボン塾で学び、後に三井物産会社を創立した益田孝のことである。

益田の場合は例外に近く、明治時代になっても語学塾には外国人経営のものが多かった。英語が中心だが、フランス語を教えるところもあった。オランダ改革派教会牧師ウォルフ夫妻のように、幕末と同様、宣教師の開いたものもあるが、それだけではなく、さまざまな職種の人が語学塾を開いている。四年七月開業のサンデマンは灯台寮の御雇外国人、五年五月開業のホッジス夫人は当時の記録に「船員宿経営」とあるが、夫のジョージは長年イギリス領事館付属監獄の警官を務めた人物で、当人も七年三月から英語教授を始めている。

ホッジスの同僚にパーマーという人がおり、監獄の看守をしていた。明治九年、清水次郎長こと山本長五郎は清水と横浜の間に廻船業を興して、静岡茶の輸出を盛んにしようと思い、しばしば横浜を訪れていた。そのためには若者に英語を学ばせる必要があると考え、パーマーを清水に招いて英語塾を開いた。斡旋したのはあんパンで名高い木村屋の二代目英三郎とも、横浜の妓楼神風楼の主人山口粂蔵とも言われる。しかし、残念ながらこの英語塾は半年ほどしか続かなかった。

職業人対象の夜間授業もあった。明治六年正月開業のヴァーナムはのちにフレーザー・ファーリー&ヴァーナムという商社を興す人物であり、当時はウォルシュ・ホール商会に勤務していた。同年七月開業のフランク・エドワーズは「商業の暇を以て」と自ら述べており、教えるほうも職業人のサイド・ワークだった。エドワーズの本業はアメリカ領事館員だったから、「商業」というのも変だが、おそらくbusinessを直訳したのだろう。

通訳業と翻訳業

外交の分野では神奈川奉行所の通訳たちが活躍したが、商取引の分野では民間人も活躍した。横山孫一郎は上州川俣村の出身、土木建築業塩野屋を開業した祖父と横浜に出てきた。いわゆる大シーボルトの長男で、英公使館員だったアレクサンダー・シーボルトと「語学の交換」をしたというユニークな経歴の持主である。高島嘉右衛門は横山を一年間千両で雇い、まずアメリカ人建築家ブリジェンスと懇意になり、さらに英公使パークスと交渉して、山手のイギリス公使館建築工事を受注したという。

『横浜開港側面史』に収録されている鈴木隣松翁談には、横山のほかに「生粋の英語の通弁」として、渡辺牧太、富永冬樹、鳴門義民、清水異之助、戸田勤吾、川路寛堂らの名が挙げられている。富永は後に述べる矢野二郎の兄、川路は仏語伝習所の第一期生だから、フランス語の通訳だったかもしれない。

横浜にはさまざまな国籍の外国人が集まっていたから、外国人相互の通訳も必要だった。一八六三年にはブラウニングというイギリス人が、英語のほかフランス語・イタリア語の語学教師として広告を出している。この人物は止宿先のパン屋の経営者、ポルトガル人フランク・ホセを殺害する事件を惹き起こすが、巻き添えで手を切り落とされた店員、エマヌエル・ゴンサルベスの瀕死の床での証言を通訳したのはジラール神父であった。

これらの通訳は会話の仲介も文書の翻訳もしたと思うが、その実態はよくわからない。明治時代になると、新聞広告を通じて、その一端がわかるようになる。一番早いのは、明治四(一八七一)年六月十日の『横浜毎日新聞』に広告を出した中屋徳兵衛こと益田孝らの訳文堂。従来最初とされていた東京雉子町三十番地の翻訳所より一年以上早い。

明治五年四月には矢野二郎と先の横山孫一郎が、通商会社の洋風社屋の二階に事務所を構えて訳文社を開設した。矢野は幕臣の出身、森山多吉郎のもとで英語を学び、文久元(一八六一)年、外国奉行所の通訳官に就任、神奈川運上所で修業ののち、同三年には遣欧使節に随行してヨーロッパに渡った。帰国後騎兵伝習隊に配属されるが、明治維新の際辞職し、横浜の外国商人の通訳として生計を立てていた。明治四年、アメリカ領事館の通訳に採用されている。その翌年訳文社を開業したのであった。富永冬樹はその兄、妹のゑゐ(栄)は益田孝の妻だった。矢野はその後外交官としてアメリカへ渡り、帰国後はわが国最初の商業学校「商法講習所」の運営に携わり、高等商業学校に発展させた。その後身に当たる一橋大学の構内に、初代校長として矢野の銅像が建てられている。パートナーの横山は明治元年頃、スイス総領事館の通訳をしていた。訳文社で働いたのち、大倉組や帝国ホテルの創業に携わり、国際ビジネスマンとして名をなした。

私立学校――同文社

私塾と私立学校とはどう違うのか。私立学校の第一号と考えられている慶応義塾は「芝新銭座慶應義塾之記」の中で、個人ではなく「会社」が運営することを宣言している。明治初期に各地で設立された私立学校の多くは慶応義塾の影響を受けており、洋学を教える中等学校という特徴をもっていた。

横浜で最初にできた私立学校は川村敬三の同文社、明治三（一八七〇）年、太田町五丁目に開校した。川村は元幕臣、戊辰戦争の時には彰義隊の頭だったが、恭順派だったので戦闘に加わらず、戦後横浜に出てきた。元新撰組隊士で、自由党の闘士として横浜市会議員などを務めた川村三郎は義弟に当たる。

教科書の出版などを行う金港堂という本屋の経営者に金森平三郎という人がいた。その金森が太田町六丁目に西洋造り三層の建物を建てた。五年六月、川村はその建物を借りて同文社を移した。学科は洋学と算術、イギリス人やアメリカ人教師の応援も得て、生徒数は百余名を数えた。同文社は最初は私塾のようなものだったかもしれないが、ここに至って私立学校と呼べるものになったのではないか。しかし、直後の八月に啓行堂と合併した。

横浜市学校＝高島学校

慶応義塾の影響を受けて設立された私立学校に横浜市学校がある。高島嘉右衛門が自費で設立したので高島学校の通称で知られている。同文社より少し遅いものの、規模はもっと大きかった。

高島の計画によれば、「平民結社」により、六、七歳以上の男女を貧富の別なく対象とする学校を目指し、「貧民の子」のための夜学や日曜学校も想定されていた。県に一万坪の土地を提供してもらい、一千人の児童を収容できるほどの建物を建てるのが理想だったが、すぐには無理なので、まずは自分が経営しているガス会社敷地の一部に建設することとした。その意味で、それは本来あるべき姿からすれば「仮学校」であった。設立主体は「結社」が望ましいが、まずは高島が自費で建設し、その後有志を募り、維持費には富豪からの寄付金を当てる。さらに寄付金や官からの助成金を積み立て、その利息で第二・第三の学校を建設する。その意味で高

高島学校　中央２階建の建物。後方は横浜駅。　横浜開港資料館所蔵

島学校は「横浜市学校第一校」であった。

このような理想と構想のもとで、明治四（一八七一）年七月起工、十一月末に竣工し、横浜町学校社中の名で「横浜町学校之記」を公表、十二月十九日、横浜市学校として開校した。「町学校」でも「市学校」でも意味は変わらない。同じ年の十一月には、福沢諭吉の故郷中津（現在大分県）で「中津市学校之記」が公表され、中津市学校が開校している。「中津市学校之記」と「横浜町学校之記」は「芝新銭座慶応義塾之記」の影響のもとで作成されたものであり、これらは私立学校の誕生を告げる記念碑的な文献だと言える。福沢の意を受けて、中津と横浜、両方の学校の設立に関わった人物に小幡篤次郎がいる。

横浜市学校は二つの部分から成っていた。伊勢山下の第一市学校は地所八〇〇坪、建坪二五〇坪、古写真で見ると、洋風二階建ての立派な建物だった。その土地は伊勢山の下、野毛町地先海面の埋立地で、ガス会社の敷地の一部であり、「伊勢山下市学校」とも呼ばれた。その地は明治五年中に町名が付いて花咲町五丁目となる。第一市学校には建坪五九坪半の幼学校が付設されていた。のちこの学校には藍榭堂《らんしゃどう》、付属の幼学校には登槐舎《とうかいしゃ》の名称が付けられた。

入船町の第二市学校（仮校舎）は地所二〇〇坪、建坪一五〇坪、フランス語とドイツ語の授業が予定されていた。明治六年中、入船町が廃止されたのにともない、港（湊）町五丁目に属したので、「湊町仮市学校」とも呼ばれた。

明治四年十二月、外国人教師の第一号としてスイス人カデルリが雇用され、英語・フランス語・ドイツ語・数学を担当した。五年五月、英語・フランス語・数学・地理学の教師としてドイツ人カスペルス、翌六月にはアメリカ長老派教会宣教師のジョン・バラを雇用した。バラは高島学校の看板教師となった。高島によれば、開校から半年ほどのうちに二〇〇名の生徒が集まった。生徒は集まったが資金は集まらなかった。官からの助成も得られなかった。高島は三万円の初期投資に加えて、月謝だけでは運営費が不足するため、毎月二〇〇円の出費を余儀なくされた。

同じ時期、もともと官立だった修文館が変化しつつあった。名称が啓行堂に変わり、五年八月には「横浜人民共立の学舎」とする方針が示され、同文社と合併した。高島には、待ち望んでいた「第二町学校」が生まれつつあるように思われたのだろう、十月二十一日、学校を県庁へ「差し上げたい」と申し出た。高島が学校を県庁へ「差し上げた」とすると、それは私立から官立になってしまったのだろうか。そうではなくて、高島の言葉によれば、「区内人民」へ譲渡したのであり、その代償として「区内人民」から一万円を受け取ったという。この場合の「区」は、横浜区（横浜市の前身）ができる前の、区番組制の下での「神奈川県第一区」を指している。したがってそれは第一区の共有物となった。

高島学校は短命ではあったが、洋学中心の中等教育施設として人材育成に貢献した。そこで学んだ人たちのうち、著名人には外務大臣になった本野《もとの》一郎、枢密顧問官になった都筑馨六《けいろく》、植物学者の宮部金吾（北海道帝国大学教授）、日本石油会社を設立した内藤久寛《ひさひろ》、横浜で活躍した人に増田製糖所を設立した増田増蔵、日本郵船横浜支店長になった永井久一郎（作家永井荷風の父）、加賀町警察署（居留地警察署の後身）の署長となった碇山晋らの名前が知られている。

公立学校——市中共立修文館

幕末の官立学校に始まる修文館は、民営化の過程で同文社や高島学校を合併し、官立でも私立でもない、公立としか言いようがないユニークな学校になった。

慶応元（一八六五）年二月、神奈川奉行所の役宅の一部を利用して、奉行所役人に漢学を教授するための「文学仮稽古所」が設けられた。八月頃には野毛町に役人の宿舎を兼ねた「文学所」

が設置され、二年七月、修文館と命名された。戊辰戦争の際、修文館の建物は官軍側の軍陣病院に利用された。軍陣病院が東京へ移転した後の明治元（一八六八）年十一月、修文館で漢学の授業が再開され、ほどなく太田村警衛隊屯所内に移転、二年正月、旧修文館には洋学所が開設された。同年五月、二つの学校（太田村警衛隊屯所内の修文館と旧修文館の洋学所）を修文館の名称で弁天旧武術稽古所に統合し、「皇漢洋三学」の学校としたが、しだいに洋学に重点が移っていく。三年二月、外国人教師の雇用を決定、幕末の英学所で実績のあるS・R・ブラウンが招かれた。

明治四年八月、陸奥宗光が県知事に、その推薦で星亨が修文館長となった。この二人の下で、修文館は民営化、英学校への純化を進めるとともに、新たな校舎の建築が計画される。民営化に向けて、文部省から「星亨私塾」という名目で免許状を取得し、運営経費は生徒の謝金を基本としつつ、不足分には「市費」を当てることとしたが、ブラウンの給料はなお官費から支給されており、「一種公私混淆」の状態であった。「市費」は「市中積立五厘金」あるいは「市中歩合積金」とも呼ばれ、貿易商が負担する歩合金（売上金の千分の五）の積立金のことである。四年十一月、官学校および漢学校の印象が強い修文館の名称を止め、英学校に純化することとし、翌五年正月に啓行堂と名付けられた。

県は有力商人に献金を呼びかけたのだろう。商人たちは「市学校」を盛大にする機会と捉え、五年六月、為替会社頭取三井八郎右衛門の一、五〇〇両を筆頭に、同社の役員たちから合計四、〇〇〇両の献金が寄せられた。県はこれに応え、八月、「横浜人民共立の学舎」とすることを決定し、同文社を合併するとともに、高島学校とも合併に向けた交渉を始めた。六年正月二十七日、野毛山（現在老松中学校所在地）に新たな校舎が完成、修文館の名称に戻り、二月一日に新規開校した。

明治六年七月十六日の『横浜毎日新聞』に修文館で行われた試験の受験者が掲載されている。そのおかげで、ここで学んでいた人たちのことがわかる。第一級にはプロテスタント教会の指導者となる井深梶之助、第二級には高島学校から移った都筑馨六、第三級には元桑名藩知事松平定教《さだのり》と家臣の駒井重格《しげただ》、第四級にはのちに横浜市長となる荒川義太郎がいる。これらの人々はいずれも成績が「抜群の者」に名を連ねている。最年少は第三級の益田英作（九歳）、益田孝の末弟で、ヨーロッパやアメリカ遊学後、三井物産に入社、後年は兄孝とともに茶人として知られた。

明治六年八月、契約期限満了によりブラウンが退職すると、井深や松平、駒井らも行動をともにした。ジェームズ・バラの生徒だった奥野昌綱、植村正久らも合流してブラウン塾が形成され、明治学院の源流の一つとなった。看板教師を失った修文館は生徒が減少し、十月には「衰微も亦極る」という状態になった。おそらくそれが高島学校との合併交渉を後押しすることになったのだろう、十一月八日、合併が実現し、修文館は高島学校の校舎に移転、野毛山の元修文館の建物には病院が移転した。ジョン・バラは高島学校から引き続き修文館でも教鞭を執り、ブラウンに替わって看板教師となった。ところが、翌七年正月十四日、修文館は火災により全焼、一時元修文館（当時病院）に間借りし、その正面右手前の土地に新たな校舎を建設して、十月に新規開校した。

明治九年六月二十八日、修文館は校舎を師範学校に譲り、七月十五日に廃校、ユニークな歴史に終止符を打った。修文館の敷地・建物は師範学校に継承されるが、それは「共有物」（市費＝歩合積立金で購入された土地や施設）であった。修文館は県が関与はするが、基本的には十全医院同様「市中共立」であり、公立と言うべき性格の学校だった。病院や学校などの公共施設が貿易商の負担する歩合金や献金によって設立・運営されるというのは、貿易によって成長を遂げた横浜にふさわしい出来事ではあったが、のちに共有物の帰属をめぐる争い（共有物事件）が起こる遠因ともなった。

県立師範学校

師範学校の起源は明治六（一八七三）年七月、横浜二番小学如春学舎に教員の伝習所が設けられたことに始まる。翌七年五月、県内四中学区にそれぞれ教員養成所が設けられた。第七中学区に属する横浜には第四教員養成所が置かれ、「番外啓行堂」と称された。前に述べたように、修文館は一時啓行堂と呼ばれたが、それとこれとは関係がない。

明治七年九月二十一日、啓行堂は神奈川県師範学校と改称された。県立の師範学校はこれが日本初であった。翌八年二月九日、他の三つの教員養成所も師範学校になったのにともない、旧啓行堂の師範学校は第一号神奈川県師範学校となった。七月に一番小学壮行学舎、二番小学如春学舎、三番小学同文学舎が合併して一番小学横浜学校となり、翌九年四月七日、新校舎が落成するとともに、それを師範学校とし、小学校はその付属となった。六月、修文館の建物に移転し、八月には第二号〜四号の師範学校を合併して神奈川県横浜師範学校となり、十二年五月、神奈川県師範学校となった。前述のとおり、修文館から引き継いだ土地・建物は共有物だが、師範学校の運営主体は神奈川県、という官民混淆の学校だった。

あとがき

「横浜もののはじめ」は人気のあるテーマであり、横浜の歴史に関心を寄せる人たちにとって案内役のような役割を果たしている。本書はこの人気のあるテーマを糸口として、幕末・明治初期の横浜の歴史をサラッと概観できるような読み物を目指した。

「横浜もののはじめ」とは何か。本書では「幕末の開国・開港後、横浜を舞台として展開された外国文化摂取の種々相」と理解している。外国文化には中国文化も含まれる。しかし、中国の文化は江戸時代に着々と摂取されており、新規性がなかったからであろう、幕末・明治初期には社会現象としての中国文化の移入は起きなかった。したがって、本書で扱う外国文化とは基本的に西洋の文化である。

「横浜もののはじめ」にはインフラ整備など行政によるものと庶民によるものがあるが、庶民によるものはほとんどすべて外国人居留地を通じての西洋文化の摂取であった。それらには無名のまま埋もれるのが普通の人物や事跡が、「はじめ」という一点で注目され、故老の回顧談のかたちでかろうじて記録に留められた、というようなケースが多い。とくに興味深いのは、充分な予備知識もなく、熱意と努力と幸運だけをたよりに、居留地に跳び込み、新文化と格闘して、それを摂取した多くの日本人がいたことである。それがこのテーマの魅力の一つとなっている。

しかし、故老の回顧談には史実性に問題のあるものが多い。一般に記憶の特徴として、話の骨組、ストーリーは史実を反映しているけれども、それを構成する「誰が（Who）」「いつ（When）」「どこで（Where）」といった要素は不正確なことが多い。主語が別人と入れ替わってしまうことも珍しくない。とくに「いつ(When)」は誤っているほうが普通なので、回顧談に基づいて「何が最初か」を断定するのは危険である。また、「もののはじめ」物語の興味深さから、「おもしろおかしさ」が強調されすぎて、そのために史実が曲げられるケースもある。これまでこのテーマについては『横浜市史稿』が古典の地位を占めてきたけれども、この本は故老の回顧談を無批判に利用してしまったために誤りが多い。本書ではその誤りを正すことも意図した。本書と『横浜市史稿』とで食い違う記述があったら、『横浜市史稿』の方が間違っていると思ってください。

最初に述べたように、本書は「横浜もののはじめ」を糸口として、幕末・明治初期の横浜の歴史を概観できるような読み物を目指したので、「横浜もののはじめ」を網羅的に扱ったものではない。このテーマについて網羅的に知りたい方は、横浜開港資料館から出版されている『横浜もののはじめ考　第3版』をご覧ください。また、個別のテーマについてさらに突っ込んだ解説や論拠を求められる方は、拙著『幕末・明治の横浜――西洋文化事始め』（明石書店）を参照してください。

本書執筆の準備はダンボールに詰められたコピーの整理から始まった。それは横浜開港資料館の職員だった時、同僚との意見交換を通じて見つけた史料である。もちろんそれだけでは足りなかった。横浜開港資料館や横浜市中央図書館へ通って、さらに史料の探索をするとともに、幅広く関係論文を読むことに努めた。改めて関係諸氏に感謝します。また、本書の価値を認めて、編集の労を引き受けてくださった有隣堂出版部の皆さんに感謝します。

平成二十九（二〇一七）年十月

斎藤多喜夫

おもな参考文献

▼全体に関わるもの

横浜開港資料館編『横浜もののはじめ考 第3版』二〇一〇年
斎藤多喜夫『幕末・明治の横浜――西洋文化事始め』明石書店 二〇一七年
同前『横浜外国人墓地に眠る人々』有隣堂 二〇一二年
横浜開港資料館監修『横浜開港新聞』(DVD−ROM版) 神奈川新聞社 二〇一〇年
『図説横浜の歴史』横浜市市民局市民情報室広報センター 一九八九年
横浜市ふるさと歴史財団編『横浜 歴史と文化』有隣堂 二〇〇九年
横浜開港資料館/読売新聞東京本社横浜支局編『横浜150年の歴史と現在――開港場物語』明石書店 二〇一〇年
横浜開港150周年記念図書編集委員会編『横浜港物語 みなとびとの記』同刊行委員会 二〇〇九年

▼第一話　黒船渡来

横浜開港資料館編『ペリー来航と横浜』　二〇〇四年
『横浜』vol. 5〈特集：開国150周年特集　ペリーが見た横浜・JAPAN〉横浜市市民局広報課　二〇〇四年

▼第二話　横浜の開港

斎藤多喜夫「横浜開港の原点を探る」『横浜』vol. 25（神奈川新聞社　二〇〇九年）所収
同前「神奈川・横浜　二都物語」『横浜』vol. 33（神奈川新聞社　二〇一一年）所収
横浜開港資料館／横浜市歴史博物館編『開港場横浜ものがたり』　横浜開港資料館　一九九九年
斎藤多喜夫「開港時の横浜商人――御貿易場瓦版から」『横浜開港資料館紀要』第20号（二〇〇二年）所収
同前「横浜開港時の貿易事情――外国商社の進出と生糸貿易の始まり」『横浜開港資料館紀要』第17号（一九九九年）所収

▼第三話　外国人居留地事始め

斎藤多喜夫「横浜最初の大火事」『開港のひろば』第83号（横浜開港資料館　二〇〇四年）所収

同前「横浜居留地の成立」『横浜と上海』（横浜開港資料館　一九九五年）所収

▼第四話　横浜のインフラ整備

『横浜』vol. 41〈特集：横浜港を楽しむ〉神奈川新聞社　二〇一三年
田中祥夫『ヨコハマ公園物語』中公新書　二〇〇〇年
鳴海正泰著／横浜山手・テニス発祥記念館編『横浜山手公園物語』有隣新書　二〇〇四年
西川武臣『横浜開港と交通の近代化』日本経済評論社　二〇〇四年

▼第五話　西洋的都市文化の始まり

斎藤多喜夫「日本最初のホテル　横浜ホテルの謎を解く」『横浜』vol. 10（神奈川新聞社　二〇〇五年）所収
沢護『横浜外国人居留地ホテル史』白桃書房　二〇〇一年
升本匡彦『横浜ゲーテ座　第二版』岩崎博物館出版局　一九八六年
斎藤多喜夫『幕末明治　横浜写真館物語』吉川弘文館　二〇〇四年
同前「横浜写真小史再論」『F.ベアト写真集2――外国人カメラマンが撮った幕末日本』（明石書店　二〇〇六年）所収

▼第六話　洋食事始め
斎藤多喜夫「都市近郊搾乳場の経営――幕末・明治・大正期の横浜の事例から」『横浜開港資料館紀要』第18号（二〇〇〇年）所収
同前「横浜の牧場」『開港のひろば』第27号（横浜開港資料館　一九八九年）所収
同前「カレーも横浜から」『横浜』vol. 47（神奈川新聞社　二〇一五年）所収
神奈川県立歴史博物館編『日本のビール――横浜発国民飲料へ』二〇〇六年

▼第七話　保健衛生事始め
小玉順三『幕末・明治の外国人医師たち』大空社　一九九七年
荒井保男『ドクトル・シモンズ――横浜医学の源流を求めて』有隣堂　二〇〇四年
大野粛英／羽坂勇司『目で見る日本と西洋の歯に関する歴史』わかば出版　二〇〇九年
横浜市衛生局編『横浜疫病史――万治病院の百十年』一九八八年

▼第八話　輸入品の国産化
斎藤多喜夫「ハムのメッカ、横浜」『横浜』vol. 40（神奈川新聞社　二〇一三年）所収

横浜都市発展記念館他編『西洋館とフランス瓦――横浜生まれの近代産業』 横浜都市発展記念館 二〇一〇年
横浜市歴史博物館／横浜開港資料館編『製造元祖 横浜風琴洋琴ものがたり』 横浜市歴史博物館 二〇〇四年

▼第九話 スポーツ事始め

『横浜』vol. 36〈特集：横浜のスポーツが熱い！〉 神奈川新聞社 二〇一二年

▼第十話 洋学事始め

横浜市中央図書館編『横浜の本と文化――横浜市中央図書館開館記念誌』 一九九四年
横浜市教育委員会編『横浜市教育史 上巻』 一九七六年

【関係年表】

早川松山「横浜名所　公園地」 明治 10 年（1877）頃
神奈川県立歴史博物館所蔵
（カバーは部分図）

【凡例】・本書を補う意味で、本書では言及していない事項についても記した。事始めに関わるものは、とくに断らないかぎり、すべて横浜での出来事。
・明治5年以前は（188～195頁）、左頁に陰暦事項、右頁に陽暦事項を記した。
・明治6年以降は（196・197頁）、陽暦の採用に伴い一本化した。

西暦	月日	陽暦事項
1853	7. 8	ペリー艦隊、浦賀沖に来航。
1854		
1858		
1859	6.30	アメリカ商船ウォンダラー号入港。ヴァンリードが搭乗。→外国商船と外国商人の来航第一号
	7. 2	イギリス商船カルタゴ号が入港。→郵便船の第一号
	7.16	クニフラーが開業。→外国商人の開業第一号
	8.25	ロシア使節の随員、横浜で殺害される。→最初の外国人殺傷事件
	10.24	ダッガンが神奈川ホスピタル開業。→外国人医師の開業第一号
	11. 1	ヘボン、気象観測を始める。→気象観測の始め
1860	1. 3	横浜の外国人居住区で火災が発生。→最初の大火事
	2.24	フフナーゲルが横浜ホテルを開業。ビリヤード・ルームとバーを付設。→ホテル、ビリヤード・ルーム、バーの始め
	2.26	オランダ人船長殺害事件。
	3～4	横浜ホテルで焼肉パーティー。→肉食の始まり
	9. 1	西洋人による競馬会開催。→洋式競馬の始まり
	この年	アイスラー&マーティンデルが精肉店開業。→精肉店の第一号
	〃	フリーマンが写真館開設。→営業写真館の始め
1861	11.23	『ジャパン・ヘラルド』創刊。
	12	ヴァンリード、『商用会話』出版。→商業英語の会話書の始め
1862	初頭	ゴーブル、英語塾を開く。→英語塾の始め
	1.12	横浜天主堂の献堂式。→開国後初のカトリック教会の聖堂
	4.27	オランダ領事館が神奈川から横浜に移転。→領事館の横浜移転の始まり
	春頃	ワーグマンが『ジャパン・パンチ』発刊。→風刺漫画雑誌の始め
	7	マコーリーがロイヤル・ブリティッシュ・ホテルを開業。コーヒー・ルーム付設。→コーヒー・ルームの始め

元号	月日	陰暦事項
嘉永6		
安政元	3. 3	日米和親条約、横浜で調印。
安政5	6.19	日米修好通商条約締結。神奈川（横浜）の開港を決定。
安政6	3. 3	外国奉行、開港場横浜の整備計画を策定。
	6. 2	横浜開港。
	6.17	横浜村・太田屋新田・戸部村・野毛浦の四か村をそれぞれ横浜町・太田町・戸部町・野毛町と称することを決定。→町名の始まり
	この年	西波止場築造。→最初の波止場
万延元	1.22	幕府の遣米使節団、横浜を出航。→海外渡航の始め
	6.1・2	洲干弁財天で開港一周年を記念する祭礼。→開港記念日の始め
	12	神奈川奉行所がアメリカ麦の種を入手し、生麦・鶴見両村で試作させる。→西洋作物導入の始め
	この年	内海兵吉がパンを焼き始める。→パン屋の始め
文久元	7	山手の斜面と麓に外国人専用の墓域を設定。→外国人墓地の始まり
	10	神奈川奉行所役人の師弟を対象に英語教育開始。→英学所の端緒
文久2	初頭	下岡蓮杖が写真館を開く。→横浜最初の日本人営業写真師
	この年	伊勢熊が牛鍋屋を開く。→牛鍋の始め
	この頃	渡辺善兵衛が洗濯業を営む。→クリーニング業の始め

西暦	月日	陽暦事項
1862	10	ロイヤル・ブリティッシュ・ホテルにボウリング場付設。→ボウリング場の始め
	12. 1	ゴールデン・ゲート・レストラン開業。→レストランの始め
	この年	中華同済病院設立。→公共的な病院の始め
1863	2.23	横浜ユニオン教会設立。→横浜最初のプロテスタント教会
	3	西インド中央銀行設立。→外国銀行の進出第一号
	4	横浜ホスピタル、オープン。→西洋人による公共的総合病院の始め
	6〜7	イギリス軍艦の乗組員と居留民がクリケットの試合。→クリケットの始め
	9. 4	オランダ領事館で夜会開催。→夜会と球灯の始め
	10. 5・6	グランド・ヨコハマ・インターナショナル・レガッタ開催。→水上競技の始め
	10.18	クライスト・チャーチの献堂式。→横浜最初のプロテスタント教会の聖堂
	10	奇術の興行。→プロの手品師の来日第一号
	11. 7	ピアソン夫人、洋装店を開業。→ドレスメーカーの始め
	12. 6	ラダージ・オエルケ商会開業。→テイラーの始め
	12.12	異人パン焼フランキヨ（フランク・ホセ）殺人事件。→外国人同士の殺人事件の第一号
	12.22	ジャーマン・クラブ設立。
1864	1. 1	居留地消防隊創設。
	初頭	レストランの「プロヴァンスの三兄弟」が洋菓子専門店に。→洋菓子店の始め
	2. 1	機械技師ローウェル開業。→鉄工所の第一号
	3. 5	ヘアー・ドレッシング&シェーヴィング・サロン開業。→西洋理髪師の開業第一号
	3. 6	曲馬団が来日。→外国サーカス団の来日第一号
	〃	東（フランス）波止場使用開始。
	3.26	ファー兄弟商会、清涼飲料水の製造を始める。→ラムネ製造の始め
	3.28	カフェ・デュ・アリエ開業。→カフェの始め
	3頃	横浜メディカル・ホール開業。→外国人経営の薬局第一号
	5.5・6	横浜フィールド・スポーツ開催。→最初の陸上競技大会
	11. 5	リズレー、アンフィシアター（円形劇場）開場。→西洋劇場の始め

元号	月日	陰暦事項
文久2		
文久3	3	鶴見村の畑仲次郎がキャベツの種子を入手。翌年栽培に成功。→西洋野菜栽培の始まり
	5.18	幕府、居留地防衛のため英仏軍の横浜駐屯を許可。
元治元	9	イギリス軍が疱瘡病院を設立。→伝染病予防隔離病院の最初
	11.21	「横浜居留地覚書」締結。

西暦	月日	陽暦事項
1864	12.31	シリングフォード、土木建築事務所開設。→土木建築技師の始め
	この年	イギリスのP＆O汽船会社、上海―横浜間に定期航路開設。
	〃	フランス海軍病院設立。→海軍病院の始め
1865	3. 4	スミスがサイン・ペインターの広告を出す。→洋式塗装の始め
	4.18	レマルシャン、製靴業を始める。→製靴業の始め
	5. 1	ビア&コンサート・ホール開業。→ビア・ホールの始め
	5.13	リズレーが天津氷を売り出すとともに、アイスクリーム・サロンを開業。→アイスクリーム製造・販売の始め
	8. 5	海水浴ボートで水泳大会。→最初の水泳大会
	8	チゾム、ピアノの調律を始める。→調律師の開業第一号
	10. 9	歯科医師イーストラックが来日して診療。→歯科医師の来日第一号
	11. 8	横浜ライフル・アソシエーションが競技会。
	この年	スイス・ライフル・クラブ設立。→射撃クラブの始め
1866	2.24	リズレーがアメリカから乳牛を将来。→牧場の始まり
	6.26	フリーメーソンの横浜ロッジ結成。→フリーメーソンの始め
1867	1.11・12	根岸に常設競馬場完成。この日、最初の競馬会開催。→洋式競馬場の始め
	1.24	アメリカの太平洋郵船会社、サンフランシスコ―横浜―香港を結ぶ定期航路を開設。第一船コロラド号が到着。
	この年	ヘボン、『和英語林集成』出版。→最初の本格的な和英辞典
1868	5.17	ヴァンリード、150名の日本人をハワイへ送る。→移民の始め
1869	8	ローゼンフェルトがジャパン・ヨコハマ・ブルワリー創業。→ビール醸造の始め

元号	月日	陰暦事項
元治元		
慶応元	3	根岸村字立野にイギリス軍のための射撃場用地貸与。→射撃場の始め
	5～10	小港屠牛場建設。イギリス・アメリカ・オランダ・フランス・プロイセンの五か国の食肉業者に貸与。→公設屠牛場の始め
	9.17	矢野元隆、バラ牧師により受洗。→日本人最初のプロテスタント信者
	この年	平石芳蔵、北方村の佐藤長右衛門から「メリケン種」の豚を購入。→谷頭種の豚の端緒
慶応2	4.7	日本人の海外渡航解禁。
	8	岸田吟香、精錡水を売り出す。→西洋目薬の始め
	10.20	横浜の大火。日本人市街の三分の二と居留地の五分の一を焼失。
	11.23	「横浜居留地改造及競馬場墓地等約書」の締結。
慶応3	10.14	将軍、大政を奉還。
	12.9	王政復古の大号令。
明治元	2.9	稲川丸、江戸の永代橋と横浜間に就航。→京浜間乗合蒸気船の始め
	閏4.17	官軍の軍陣病院設立。
	閏4	ヘボン、俳優沢村田之助に義足を装着。→義足の始め
	9.8	明治改元。
	11.19	東京開市。
明治2	初頭頃	崎陽亭利助が営業。→日本人経営西洋料理店の第一号
	2下旬	ランガン商会とゴールデン・ゲート・リヴァリー・ステーブルが京浜間で乗合馬車の運行を開始。→京浜間乗合馬車の始め
	5	成駒屋が京浜間乗合馬車を運行。

西暦	月日	陽暦事項
1869		
1870	6. 4	山手公園開園。→最初の洋式公園
	夏頃	グランド・ホテル、オープン。
	12. 6	本町通りゲーテ座開場。
1871	8.28	亜米利加婦人教授所（アメリカン・ミッション・ホーム）開校、保育部門を付設。→保育の始まり
	9.30	横浜の居留民とアメリカ軍艦コロラド号の水兵が野球の試合。→野球の始め
	9	キダー塾、女生徒のみのクラスに改組。→女子教育の始め
	この年	横浜ローウィング・クラブと日本ローウィング・クラブ結成（のち横浜アマチュア・ローウィング・クラブ〈YARC〉に統合）。→ボート競技団体の始め
1872	6.28	サンモール会の修道女が来日。→最初の女子修道会
	秋頃	サンモール会の修道女が孤児の養育事業を始める。→孤児院の始め
	12.26	横浜アマチュア・アスレチック・アソシエーション結成。→陸上競技団体の始め

元号	月日	陰暦事項
明治２	6	町田房造、氷水店を開業。→日本人によるアイスクリーム販売の始め
	10	薩摩藩士がイギリス軍の軍楽長フェントンから軍楽を習う。→軍楽隊の始め
	11	ブラントンの設計により鉄橋の吉田橋架橋。→最初のトラス構造鉄橋
	12.25	京浜間で公衆電報取り扱い開始。→電信の始め
	この年	小倉虎吉ら、理髪業開業。→日本人理髪業の始め
	〃	ブラントンの計画により浮標・本牧灯船など航路標識整備。
明治3	11.15	神奈川県、小児全員を対象に官費による種痘を実施する布達。→日本最初の官費による種痘の強制実施
	この年	川村敬三、同文社を設立。→私立学校の始め
	〃	ブラントンの計画により中央大通り（現在の日本大通り）にマカダム式砕石舗装。→近代道路の始まり
明治4	1	中屋徳兵衛（益田孝）、英語塾を開く。→日本人による英語塾の始め
	6	訳文堂、翻訳業を開業。→翻訳業の始め
	7	ゴーブルが『摩太福音書』出版。→最初の日本語訳聖書
	9. 1	横浜医院（仮病院、のちの十全医院）設立。→日本人による公共病院の端緒
	12.19	高島嘉右衛門、横浜市学校（高島学校）開校。
	この年	ブラントンの計画により居留地に陶管下水道敷設。
明治5	2. 2	横浜公会設立。→日本人による最初のプロテスタント教会
	9.12	京浜間鉄道開業式。→鉄道の始め
	9.29	ガス会社の手でガス灯が点灯。→民間ガス事業の始め
	10.15	横浜勝読会社結成。→日本人による最初のクラブ
	この年	増田万吉、潜水業を創始。→潜水業の始め

元号	西暦	月日	事　項
明治 13	1880	この年	カイル商会、ピアノ製造業を始める。→ピアノ製造の始め
明治 17	1884	1.11	クラブ・ホテル、オープン。
		4.7	横浜クリケット&アスレチック・クラブ（ＹＣ＆ＡＣ）結成。
		この年	西川虎吉、オルガン製造に成功。→日本人によるオルガン製造の始め
明治 18	1885	11.3	横浜アマチュア・ローウィング・クラブと東京大学の学生がボート競技。→最初の国際ボート・レース
明治 19	1886	11.30	横浜セイリング・クラブ結成。→ヨットクラブの始め
		この年	西川虎吉、ピアノ製造に成功。→日本人によるピアノ製造の始め
明治 20	1887	10.17	パーマーの計画により横浜水道配水開始。→近代水道の始め
		この頃	鎌倉郡下柏尾村の斎藤満平や益田直蔵がハムの製造・販売を始める。→鎌倉ハムの始まり
明治 23	1890	10.1	横浜共同電灯会社が送電開始。
		12.16	横浜電話交換所が業務開始。→京浜間公衆電話取り扱いの始め
明治 27	1894	この年	石川駒吉が練乳製造所を開設。→コンデンス・ミルク製造の始め
明治 29	1896	8	トマト・ソース製造会社、清水屋開業。→トマト・ケチャップ製造の始め
明治 30	1897	4.28	横浜船渠会社の第二号船渠が開渠。
明治 31	1898	8.13	ＹＡＲＣと太田捨蔵の門弟たちが水泳の対抗戦。→最初の国際競泳大会
明治 34	1901	12.7	ＹＣ＆ＡＣと慶応チームがラグビーの試合。→最初の国際ラグビー試合
明治 35	1902	1.1	平石左源次がミルクホールを開設。→ミルクホールの始め
明治 37	1904	2.6	ＹＣ＆ＡＣと東京高等師範学校がサッカーの試合。→最初の国際サッカー試合
明治 41	1908	この年	山口八十八、帝国社食品工場を建設、人造バター（マーガリン）の製造・販売を始める。→人造バター製造の始め

元号	西暦	月日	事　項
明治6	1873	5頃	横浜カヌー・クラブ設立。→カヌー競技の始まり
		6.27	堤磯右衛門、石鹸の製造を始める。→石鹸製造の始め
		12	横浜上水竣工。
		この頃	ジェラールが西洋瓦・煉瓦製造工場設立。→西洋瓦・煉瓦製造の始め
明治7	1874	9.21	教員養成所が神奈川県師範学校となる。→県立師範学校の始め
明治8	1875	1.5	横浜郵便局で外国郵便開業式開催。→外国郵便取り扱いの始め
		1.14	横浜フット・ボール・アソシエーション（ＹＦＢＡ）がサッカーの試合を行う。→サッカーの始め
		この年	ジャパン・セーフティ・マッチ・カンパニーがマッチの製造・販売を始める。→マッチ製造の始め
明治9	1876	1	青木安兵衛らが根岸射撃場脇の水田にスケート・リンクを設置。
		2	横浜公園開園。
		初夏	東京で横浜・東京混成の外国人チームと開成学校の学生チームが野球の試合。→最初の国際野球試合
		10.20	横浜ベース・ボール・クラブ（ＹＢＢＣ）発足。→野球クラブの始め
		この年	テニス・クラブ発足。→テニスの始まり
明治10	1877	9.19	太田避病院設置。→日本人を対象とする最初の避病院
明治11	1878	9	田村清蔵、山下居留地の西の橋近くで屠場を開設。→日本人経営の屠場の最初
		12	クレーン＆カイル、ピアノの調律と販売を始める。→音楽専門店の第一号
		年末	横浜スケーティング・クラブ結成。
明治12	1879	この年	ジャパン・アイス・カンパニー設立。→機械製氷の始め
		〃	梶野甚之助が自転車製造工場を設立。→自転車製造の始め
明治13	1880	10.28	ブリテン女学校開校、幼稚園を付設。→横浜最初の幼稚園

横浜もののはじめ物語

平成二十九年（二〇一七）十一月十日　第一刷発行

著者　斎藤多喜夫

発行者――松信　裕
発行所――株式会社　有隣堂
本　社　横浜市中区伊勢佐木町一―四―一　郵便番号二三一―八六二三
出版部　横浜市戸塚区品濃町八八一―一六　郵便番号二四四―八五八五
電話〇四五―八二五―五五六三
印刷――図書印刷株式会社

ISBN978-4-89660-225-8 C0221

定価はカバーに表示してあります。
落丁・乱丁はお取り替えいたします。

デザイン原案＝村上善男

有隣新書刊行のことば

国土がせまく人口の多いわが国においては、近来、交通、情報伝達手段がめざましく発達したためもあって、地方の人々の中央志向の傾向がますます強まっている。その結果、特色ある地方文化は、急速に浸蝕され、文化の均質化がいちじるしく進みつつある。その及ぶところ、生活意識、生活様式のみにとどまらず、政治、経済、社会、文化などのすべての分野で中央集権化が進み、生活の基盤であるはずの地域社会における連帯感が日に日に薄れ、孤独感が深まって行く。われわれは、このような状況のもとでこそ、社会の基礎的単位であるコミュニティの果たすべき役割を再認識するとともに、豊かで多様性に富む地方文化の維持発展に努めたいと思う。

古来の相模、武蔵の地を占める神奈川県は、中世にあっては、鎌倉が幕府政治の中心地となり、近代においては、横浜が開港場として西洋文化の窓口となるなど、日本史の流れの中でかずかずのスポットライトを浴びた。

有隣新書は、これらの個々の歴史的事象や、人間と自然とのかかわり合い、ときには、現代の地域社会が直面しつつある諸問題をとりあげながらも、広く全国的視野、普遍的観点から、時流におもねることなく地道に考え直し、人知の新しい地平線を望もうとする読者に日々の糧を贈ることを目的として企画された。

古人も言った、「徳は孤ならず必ず隣有り」と。有隣堂の社名は、この聖賢の言葉に由来する。われわれは、著者と読者の間に新しい知的チャンネルの生まれることを信じて、この辞句を冠した新書を刊行する。

一九七六年七月十日　　有　隣　堂